Oberforstinspektorat Switzerland

Forstwesen, Jagd und Fischerei

Oberforstinspektorat Switzerland

Forstwesen, Jagd und Fischerei

ISBN/EAN: 9783743302792

Hergestellt in Europa, USA, Kanada, Australien, Japan

Cover: Foto ©Andreas Hilbeck / pixelio.de

Oberforstinspektorat Switzerland

Forstwesen, Jagd und Fischerei

Fascikel V 9 c.

Bibliographie der schweizerischen Landeskunde.

Forstwesen, Jagd und Fischerei.

JAGD.

Zusammengestellt

durch die

Abteilung Forstwesen, Jagd und Fischerei

(Oberforstinspektorat)

des

Eidgenössischen Departements des Innern.

BERN.
Verlag von K. J. Wyss.
1899.

Programm der Bibliographie der schweizerischen Landeskunde.

(Die publizirten Programmpunkte sind unterstrichen.)

I. <u>Bibliographische Vorarbeiten. Kataloge der Bibliotheken. Gesellschaftsschriften und Zeitungen. Verzeichnis der Kalender.</u>

II. <u>Landesvermessung, Kataloge der Kartensammlungen. Karten, Pläne, Reliefs, Panoramen.</u>

III. <u>Landes- und Reisebeschreibungen.</u>

IV. Landesnatur.
 1) Allgemeines.
 2) Oberflächengestaltung, Hypsometrie, geologischer Bau incl. Mineralogie, Erzlagerstätten und Paläontologie; Gletscher, Erdbeben, Bergstürze etc.
 3) Gewässer, Balneologie.*)
 4) Klimatologie und Erdmagnetismus.
 5) Pflanzenwelt.
 6) Tierwelt.
   1. Heft. A. Allgemeines.
       B. <u>Fauna helvetica.</u>
       C. Faunae cantonales et regionales:
       <u>Fauna della Svizzera italiana.</u>
   2. Heft. Seenfauna.
   3. Heft. α. Säugetiere.*)
   4. Heft. β. Vögel.
   5. Heft. γ. <u>Reptilien und Amphibien.</u>
   δ. Fische.*)
   6. Heft. Mollusca.
   7. Heft. α. Insecta.
       β. Myriapoda.
       γ. Arachnoidea.
   8. Heft. Helminthen (Parasitische Würmer).
   9. Heft. <u>Crustacea, Bryozoa, Frei lebende Würmer (Annelida, Rotifera, Turbellaria), Coelenterata, Protozoa.</u>

V. Bewohner.
 1) Allgemeines.
 2) Anthropologie und Vorgeschichte.
 3) Allgemeine Siedelungskunde, Kantonskunde, allgemeine und spezielle Territorialentwicklung und sonstiges Geographisch-Historisches.
 4) Sprachen und Sprachgrenzen, Mundartliches, Ortsnamen Familiennamen; <u>Heraldik und Genealogie.</u>
 5) Sitte und Brauch, Sage und Aberglaube, Sprichwörter, Rechtsanschauungen.
 6) Kunst.
   a. <u>Architektur.</u>
   b. Sculptur.
   c. Malerei.
   d. Musik und Volksgesang.
   e. Leibesübungen.
 7) Bevölkerungsstatistik.
 8) Gesundheitswesen: Heft I: <u>Allgemeines und Gesundheitsverhältnisse.</u>

*) Im Druck.   (Siehe Schluss auf Seite 3 des Umschlags).

Bibliographie
der
Schweizerischen Landeskunde.

Fascikel V 9 c.

Bibliographie

der

Schweizerischen Landeskunde.

Unter Mitwirkung der hohen Bundesbehörden,

eidgenössischer und kantonaler Amtsstellen

und

zahlreicher Gelehrter

herausgegeben

von der

Centralkommission für schweizerische Landeskunde.

BERN.
Verlag von K. J. Wyss.
1899.

Fascikel V 9 c.

Forstwesen, Jagd und Fischerei.

JAGD.

Zusammengestellt

durch die

Abteilung Forstwesen, Jagd und Fischerei
(Oberforstinspektorat)
des
Eidgenössischen Departements des Innern.

BERN.
Verlag von K. J. Wyss.
1899.

Vorwort.

Von Fascikel V, 9, c der Bibliographie sind Forstwesen und Fischerei bereits erschienen; hier folgt die Jagd, mit welcher dieser Programmpunkt seinen Abschluss findet. Vorliegender Fascikel hat uns weit mehr Arbeit gekostet als die beiden erstgenannten, indem wir bei den in Sache doch zunächst interessierten Jägern und Jagdvereinen, an die wir uns gewandt, nicht überall die erwartete Unterstützung gefunden.

Der nun leider verstorbene Hr. Siber, Forstmeister in Winterthur, hatte die Güte, uns das bibliographische Material aus den deutschschweizerischen Zeitschriften, Hr. Borel, Forstexperte in Genf, aus den dortigen Bibliotheken zu verschaffen. Die Hrn. Archivare Labhart-Labhart in Zürich, von Liebenau in Luzern, und Henne-am Rhyn in St. Gallen haben uns, wie bei der Bearbeitung der früheren Fascikel auch hier wieder getreulich unterstützt.

Die Correkturbogen wurden verschiedenen Jagdkundigen zur Ergänzung übersandt, worauf wir namentlich von Hr. Dr. Girtanner in St. Gallen wertvolle Beiträge erhielten.

In den Abschnitt C «Ornithologie und Vogelschutz» wurden nur diejenigen Artikel und Werke aufgenommen, die das Jagdwild betreffen.

Die im Anhang enthaltene Bibliographie der eidg. und kant. Gesetzgebung wurde den amtlichen Gesetzessammlungen entnommen, diejenige der amtlichen Berichte verdanken wir den kantonalen Kanzleien.

Avant-propos.

Les fascicules concernant les forêts et la pêche ont déjà paru. La présente livraison consacrée à la chasse, complète ainsi cette partie du programme désignée sous titre V, 9 c. Ce cahier nous a coûté beaucoup plus de travail que les deux précédents. Malgré nos appels et nos recherches, nous n'avons trouvé l'appui que nous attendions ni chez les chasseurs ni auprès des sociétés de chasse, intéressés pourtant au premier chef.

M. Siber, inspecteur des forêts à Winterthour, trop tôt décédé, a eu la bonté de rassembler les matériaux concernant les journaux de la Suisse allemande; M. Borel, expert forestier à Genève, celui des bibliothèques de cette ville.

Comme dans l'élaboration des fascicules précédents, MM. Labhart-Labhart à Zurich, v. Liebenau à Lucerne et Henne-am Rhyn à St. Gall, tous trois archivistes cantonaux, ici encore, nous ont fidèlement apporté leur contribution.

Les épreuves d'imprimerie ont été soumises à différents experts en matière de chasse. M. le Dr. Girtanner surtout nous a transmis de précieux matériaux.

Le chapitre C «Ornithologie et protection des oiseaux» ne contient que les articles et les ouvrages concernant le gibier.

Le répertoire bibliographique concernant la législation et contenu dans l'appendice a été tiré des recueils de lois fédéraux et cantonaux; celui des rapports officiels, de communications faites par les chancelleries.

Denjenigen Herren, die uns bei der Sammlung des Materials für vorliegende Schrift unterstützt, sprechen wir schliesslich unsern besten Dank aus und so auch Hrn. von Sury, Sekretär des Oberforstinspektorates, der sich um die Bearbeitung derselben ganz besonders verdient gemacht.

Nous présentons nos meilleurs remerciements à tous ceux qui ont contribué d'une manière ou d'une autre à l'élaboration de ce fascicule, et nous nous gardons bien d'oublier M. de Sury, notre secrétaire, qui nous a tout particulièrement aidé.

J. Coaz,
Eidg. Oberforstinspektor.

J. Coaz,
Inspecteur fédéral en chef des forêts.

Inhalts-Verzeichnis von Fascikel V9c.
Table des matières du fascicule V9c.

Jagd. — Chasse.

Seite—Page

A. Allgemein Naturgeschichtliches 1
   Généralités par rapport à l'histoire naturelle
B. Einzelne Wildarten 2
   Espèces de gibier
     a) Haarwild 2
       Gibier à poil
     b) Federwild 6
       Gibier à plume
C. Ornithologie und Vogelschutz 9*
   Ornithologie et protection des oiseaux
D. Jagdverhältnisse der Schweiz und einzelner Gebiete . 13
   Chasse en général et dans quelques contrées de la Suisse en particulier
E. Jagdhunde 16
   Chiens de chasse
F. Jagdsysteme 16
   Modes de chasses
G. Jagdbannbezirke 17
   Districts fermés à la chasse
H. Jagdstatistik 18
   Statistique concernant la chasse
I. Jagdvereine 19
   Sociétés de chasse
K. Jagdgeschichtliches 20
   Histoire concernant la chasse
L. Jagdgesetzliches 21
   Articles concernant la législation sur la chasse.
M. Biographien 26
   Biographies
N. Verschiedenes 27
   Divers

Anhang. Appendice.

1) Jagdgesetzgebung 30
   Législation
     a) des Bundes 30
       de la Confédération
     b) der Kantone 32
       des cantons
2) Amtliche Berichte 58
   Rapports officiels
     a) des Bundes 58
       de la Confédération
     b) der Kantone 61
       des cantons
Alphabetisches Namen- und Sachregister . . . 64
Index alphabétique.

A. Allgemein Naturgeschichtliches.
Généralités par rapport à l'histoire naturelle.

Cysat, J. L., Beschreibung des berühmbten lucerner- oder Vier-Waldstättensees, und dessen fürtrefflichen Qualitäten und sonderbaaren Eygenschafften. Luzern, 1661. X. 256 S. 4. Mit Kupfern.

Razoumowski, G. de, Histoire naturelle du Jorat et de ses environs. Lausanne (Mourer), 1789. 2 vol. 8.
    (Vol. I, section II. Des quadrupèdes du Pays de Vaud, p. 20 à 44. Vol. I, section III. Des oiseaux du Pays de Vaud, p. 45—92.)

Römer, J. J. und Schinz, H. R., Naturgeschichte der in der Schweiz einheimischen Säugethiere. Zürich, 1809. XIII. 534 S. 16.

B[ridel], P., Essai sur le lac Léman. Histoire naturelle, juillet 1799. 7 p. (p. 25 à 32). Le Conservateur Suisse ou Recueil complet d'Etrennes Helvétiennes. Lausanne (Louis Knab). Tome VII. 1814. 12.

Quadrupèdes, Les, de la Suisse. 27 p., p. 261 à 288. Le Conservateur suisse ou Recueil complet des Etrennes Helvétiennes. Lausanne (Louis Knab), 1817. Tome VIII, Edit. 1829. 12.

Naturgeschichte (Bern). Umrisse zur Geographie, Topographie und Statistik des Kantons Bern. § 5 Naturgeschichte, Thierreich. Säugethiere und Vögel. Zürich, 1819. 13 S. 12.
    (Helvetischer Almanach. S. 106.)

— — (Wallis). Statistischer Versuch über den Kanton Wallis. VI: Naturgeschichte, Säugethiere und Vögel. 5 S. 12.
    (Helvetischer Almanach. 1820. S. 53.)

Depping, G. B., La Suisse, ou esquisse d'un tableau historique pittoresque et moral des Cantons helvétiques. Paris (Eymery), 1824. 4 vol. 12.
    (Tome I: Animaux des Alpes, p. 46 à 52 (Canton de Genève) Passage périodique des oiseaux, p. 139—143. Tome II: Animaux sauvages du canton de Berne, p. 100, 101. Tome III: Chamois et fameux chasseurs glaronnais, p. 220—224. Tome IV: Canton du Tessin. Chamois, Ours, p. 123, 124.)

Tschudi, F. v., Das Thierleben der Alpenwelt. Leipzig, 1853—1872. Zehn Auflagen. II. 612 S. 8.

— — Le Monde des Alpes ou Description pittoresque des Montagnes de la Suisse et particulièrement des animaux qui les peuplent. Traduit par O. Bourrit. Genève (Fick), 1858. 3 vol. 12.
    (1er vol. XV, 435. 2e vol. VIII, 412. 3e vol. VIII, 482.)

Rütimeyer, L., Die Fauna der Pfahlbauten der Schweiz. Basel, 1861. 8.

Rambert, Eug., Les Alpes suisses. Deux jours de chasse sur les Alpes vaudoises. 2e série. Lausanne (Delafontaine et Rouge), 1866. 8. 51 p., p. 55 à 106.
    (Nouvelle édition en 1888; titre: Les Alpes suisses, études d'histoire naturelle.)

Gourdault, J., La Suisse. Etudes et voyages à travers les 22 Cantons. Paris (Hachette), 1879. Gr. 4.
    (1ère partie: chap X, III. La faune 27 p. 463 à 491. 2me partie: chap XVI, III. La chasse au loup 2 p 651—653.)

Bär. Steinwild. — Ours. Bouquetin.

Rambert, Eug., Les Alpes suisses. — Etudes d'Histoire naturelle. Lausanne (Rouge). 1888. 12.
(Deux jours de chasse sur les Alpes vaudoises — C'est le Renard, histoire de chasse. — Nouvelle Edition (1re Édition en 1866.)

Tschudi, F. v., Thierleben der Alpenwelt. XI. Aufl. redigiert von Dr. C. Keller. Leipzig, 1890. 8. (Beilagen 27 Tafeln.)

Challande. Schweizerische Thiergruppen von Challande, präparirt und angeordnet von Ploucquet. St. Gallen. 16 S. 8.
(St Galler Staatsarchiv. Misc. Nr. 51.)

B. Einzelne Wildarten. — Espèces de gibier.
a) Haarwild. — Gibier à poil.

Bär. — Ours.

La Borde, de. et **Zurlauben,** Tableaux de la Suisse ou Voyage pittoresque fait dans les 13 Cantons. Paris (Lamy), 1786 XII vol. 4.
(Vol. XI. p, 173, Vol. XII. 87. Montagnes frontières encore habitées par quelques ours (montagne de Boudry-Marobia.)

C. M. B., Les Ours dans l'Engadine. Genève (Jullien), 1871. 1 p. 8.
(Echo des Alpes, 7e année, p. 216.)

Jagdthier, ein seltenes unserer Alpen. Zürich, 1881. 3 S. 8.
(Schweiz. Jagd u. Sportzeitung. I, S. 8.)

Bärenjagd, eine. Zürich, 1881. 2 S. 8.
(Schweiz. Jagd u. Sportzeitung. I, S. 177.)

Cart, W., Vacances en Tyrol (Ours à l'Ofenpass). Genève (Jullien), 1883. 1 p. 8.
(Echo des Alpes, 19e année, p. 3.)

Girtanner, A., Der Bär in Graubünden. Wien, 1884. 3 S. 8.
(Nieder-Oesterr. Jagdschutzverein. S. 90.)

Bachelin, A., Ours, Loups, Sangliers et Chevreuils. Neuchâtel (Wolfrath), 1889. 15 p. 4.
(Musée Neuchâtelois, 26e année, p. 125—132 et 156—162.)

Steinwild. — Bouquetin.

Bouquetin, La chasse au, du chasseur Alexis Caillet de Salvan. (Extrait d'un almanach suisse intitulé «Alpen-Rosen», sous titre Mélanges.) — Genève (impr. de la biblioth. Univ.) 1816. 5 p. 8.
(Bibliothèque Universelle des Sciences, Belles-Lettres et Arts. Vol. II, p. 180 à 193.)

Binet, J. L. et **Hentsch,** Bouquetins. Genève (Jullien), 1874. 2 p. 8.
(Echo des Alpes, 10e année, p. 117 et 207 note.)

Girtanner, A., Der Alpensteinbock mit besonderer Berücksichtigung der letzten Steinwildkolonie in den grauen Alpen. Trier, 1878. 69 S. 8.
(Aus Wald u. Heide. II. Bd., S. 1 u. s. w.)

— — Lo stambecco delle Alpi graie, tradotto da M. Lessona. Torino, 1879. 68 p. 4.

— — Nachrichten über den Alpensteinbock. Frankfurt. 1 S. 8.
(Zoologischer Garten. S. 349.)

— — Der Alpensteinbock und sein Gehörn. München, 1880. 8 S. 4. Mit 1 Tafel.
(Deutscher Jäger. S. 23 u. 31.)

G. W., Acclimatation du Bouquetin dans les Alpes Suisses. Genève (Jullien), 1879. 3 p. 8.
(Echo des Alpes, 15e année, p. 59—61.)

Steinwild. Gemse. — Bouquetin. Chamois.

Bouquetins, (Essai d'acclimatation de Bouquetins à la Bernina). Genève (Jullien), 1879. 1 p. 8.
(Echo des Alpes, 15e année, p. 144.)

— — Traduit de l'Alpenpost N° du 16 oct. 1880. Combat avec un Bouquetin. Genève (Jullien), 1880. 3 p. 8.
(Echo des Alpes, 16e année, p. 298 à 300.)

Krebs-Gygax & Genossen. Zürich, 1881. 2 p. 8.
(Schweiz. Jagd- u. Sportzeitung. I, S. 6.)

Pictet, Alf. (Bouquetin. Acclimatation), Fête du Club Alpin Suisse à Berne. Genève (Jullien), 1887. 1 p. 8.
(Echo des Alpes, 23e année, p. 221.)

Acclimatisationsversuche, die der Section Rhätia mit Bastard- und echtem Steinwild. St. Gallen, 1891. 4 p. Fol.
(Zentralblatt f. J. H. L. u. Fisch. Bd. II. 153, 194, 201, 211.)

Girtanner, A., Ein difformes Alpensteinbockgehörn. Genf, 1894. 6 S. 4.
(Diana. Bd. XII, S. 133.)

Studer, Th., Ueber ein Steinbockgehörn aus der Zeit der Pfahlbauten. Bern, 1896, 4 S. 8.
(Mitteilungen der naturforschenden Gesellschaft Bern 1896. S. 288.)

Girtanner, A., Ueber das Steinbockgehörn aus dem Pfahlbau von Greng im Murtensee. Bern, 1897. 6 S. 8.
(Mitteilungen der naturforschenden Gesellschaft Bern 1897. S. 47.)

Gemse. — Chamois.

La Borde, de, et **Zurlauben**, Chasse au Chamois. Paris (Lamy), 1786. 4.
(Tableaux de la Suisse ou Voyage pittoresque fait dans les 13 cantons. Ier vol.)

Wyss, J. R., Des chamois et de la chasse aux chamois. Berne, 1817. 20 p. 8.
(Voyage dans l'Oberland Bernois. Tome II, p. 179—198.)

Rochette, Raoul, Chamois, Bouquetins, Marmottes. Paris (Nepveu), 1823. 3 p. 8.
(Lettres sur la Suisse, tome III, p. 379—382.)

Simond, L. Animaux et histoires de chasse au chamois. Paris (Treuttel et Wurtz), 1824. 9 p. 8.
(Voyage en Suisse fait dans les années 1817, 1818 et 1819, tome I, p. 251 à 259.)

Agassiz. L' Isard des Pyrénées comparé au Chamois des Alpes. Neuchâtel (Wolfrath), 1844. 2 p. 8.
(Bulletin de la Société des Sciences naturelles de Neuchâtel, année 1844, p. 57 et 58.)

Mügge, Th., Gemsjagd, Jagd im Kanton Glarus. Hannover, 1847. 3 S. 8.
(Die Schweiz und ihre Zustände. Bd. II, S. 179—181.)

Nessi. Caccia del camoscio. Locarno, 1854. 2 p. 12.
(118 et 119. Memorie storiche di Locarno fino al 1660 dell'avv. Gian-Gasparo Nessi.)

Hawker, W. H., A Chamois Hunt in the Oberland. London, 1868/69. 11 p. 8.
(The Alpine Journal: A Record of Mountain Adventure and Scientific Observation. IV. Vol., p. 129.)

Fragnière, L., Courses d'hiver (Chamois poursuivis au Kaiseregg). Genève (Jullien), 1873. 2 p. 8.
(Echo des Alpes. 9me année, p. 18 et 19.)

Brun, Alb., fils, Le Ruitor (Chamois observé). Genève (Jullien). 2 p. 8.
(Echo des Alpes 11me année, p. 147 et 149.)

Ch. E. (Chamois blancs). Notes et informations (tirées de l'Alpenpost No. 2, 1878), communication du Dr. P. Lorentz de Coire. Genève (Jullien), 1878. 2 p. 8.
(Echo des Alpes. 14me année, p. 78.)

Windam. Relation d'un voyage aux Glacières de Savoie en l'année 1741. (Chamois et Bouquetins). Genève (Jullien), 1879. 1 p. 8.
(Echo des Alpes. 15me année, p. 91 et note.)

Dufour, Th., Voyage aux Glacières du Faucigny (1742). Relation de Pierre Martel (Chamois, Bouquetins et Marmottes). Genève (Jullien), 1879. 2 p. 8.
(Echo des Alpes. 15me année, p. 250 et note p. 254.)

Studer, Th., Ueber den Fund von Resten der Gemse in der Pfahlbautenstation Lattrigen am Bielersee. Bern, 1880. 2 S. 8.
(Mittheilungen der naturforschenden Gesellschaft 1880. S. 97.)

Girtanner, A., Zur Pflege der Gemse in Gefangenschaft. Frankfurt, 1880. 15 S. 8.
(Zoologischer Garten 1880. S. 1 u. 44.)

Gemspirsche — in der Schonzeit. Zürich, 1881. 4 S. 8.
(Schweiz. Jagd- und Sportzeitung. Bd. I, S. 80.)

Musy, M., Chronique, Section du Moléson (chamois, district à ban). Genève (Jullien), 1881. 1 p. 8.
(Echo des Alpes. 17me année, p. 127.)

Risold, C. Eine Gemsjagd im Berner Oberland. Bern, 1885/86. 4 S. 4.
(Diana. Bd. III, S. 22, 27.)

— — C. Une chasse au chamois dans l'Oberland Bernois. Berne, 1885/86. 4 p. 4.
(Diana. Vol. III, S. 17, 25.)

Robert, L. C., Ascension au Grand Combin (Chamois nourri par une chèvre). Genève (Jullien), 1886. 1 p. 8.
(Echo des Alpes. 22me année, p. 203.)

Gemse. Naturgeschichte der Gemse. Bern, 1886/87. 5 S., ½ spltg. 4.
(Diana. Bd. IV, S. 13, 25.)

J. R., Section du Moléson (Squelette de Chamois au Heidenloch). Genève (Jullien), 1889. 1 p. 8.
(Echo des Alpes. 25me année, p 60.)

Gemse, zur oargauischen. St. Gallen, 1892. 1 S. Fol.
(Zentralblatt f. Jagd, Hundeliebhaber u. Fischerei. Bd. VIII, S. 34.)

Gemse. Die Gemse in der Schweiz. Genf, 1893/94. 3 S. 4.
(Diana. Bd. XI, S. 193.)

Statistique. Statistique des Chamois existant en Suisse, tirée de l'Alpina. Genève (Jullien), 1894. 2 p.
(L'Echo des Alpes. 31me année, p. 74 et 75.)

Wildschwein. — Sanglier.

Sanglier. Le Sanglier mis à l'écurie. Genève (P. A. Bonnant), 1839. 1 p. 12.
(Nouveau messager suisse pour l'année 1839, p. 60.)

Fragnière, L., Courses d'hiver (Sanglier dans le Ct. de Fribourg). Genève (Jullien). 1873. 1 p. 8.
(Echo des Alpes. 9e année, p. 15.)

Coulon, L. Sanglier tué aux environs d'Enges. Neuchâtel (Wolfrath et Metzner), 1881. 1 p. 8.
(Bulletin de la Société des Sciences naturelles de Neuchâtel. Vol. 12, p. 475.)

Wildschweine — im Aargau. Zürich, 1881. 3 S. 8.
(Schweiz. Jagd- und Sportzeitung. Bd. I, S. 29.)

Wildschwein. Murmelthier. Hase. Hirsch, Wolf, etc.
Sanglier. Marmotte. Lièvres. Cerf, Loup, etc.

Musy, M., Chronique, Section du Moléson (Sangliers dans le Canton de Fribourg). Genève (Jullien), 1882. 1 p. 8.
(Echo des Alpes. 18e année, p. 332.)

Murmelthier. — Marmotte.

Dufour, Th., Voyage aux Glacières du Faucigny (1742). Relation de Pierre Martel (Mœurs des Marmottes). Genève (Jullien), 1879. 8.
(Echo des Alpes. 15e année, note, p. 254.)
Musy, M., Chronique, Section du Moléson. (Marmottes acclimatées aux Mortheys). Genève (Jullien), 1882. 2 p. 8.
(Echo des Alpes. 18e année, p. 76 et 331.)
— — **M.**, Section du Moléson, Braconniers. — (Marmottes acclimatées aux Mortheys). Genève (Jullien), 1883. 2 p. 8.
(Echo des Alpes. 19e année, p. 285 et 286.)
Manni, Chr. Das Murmelthier der Centralalpen und dessen Jagd. Bern, 1883/84. 2 S. 4.
(Diana. Bd. I, No. 9, S. 6.)
Cart, W. Entre Gothard et Simplon. (Marmotte prise au Hohsandgletscher). Genève (Jullien), 1887. 1 p. 8.
(Echo des Alpes. 23e année, p. 3.)
Girtanner, A. Die Murmelthier-Kolonie in St. Gallen und das Anlegen von Murmelthier-Kolonien. Frankfurt, 1887. 16 S. 4.
(Diana. Bd. V, S. 1, 9, 43, 45, 49 u. Zoologischer Garten. S. 30 u. 46.)
Brauget-Douglas, R., de, La Cime de l'Est. (Traces de Marmottes). Genève (Jullien), 1888. 2 p. 8.
(Echo des Alpes. 24e année, p. 189 et 305.)
Girtanner, A., Ein muthiges Murmelthier. St. Gallen, 1888. 4.
(Centralblatt für Jagd- u. Hundeliebhaber. 1888, S. 24.)

Hase. — Lièvres.

Ch. E. Notes et Informations (extrait de l'Alpenpost No. 2, 1878), communication du Dr. P. Lorentz, Coire. (Lièvres Blancs). Genève (Jullien), 1878. 1 p. 8.
(Echo des Alpes. 14e année, p. 79.)
Nicoud, L. et **Coulon, L.**, Variété blanche du Lièvre. Neuchâtel (Wolfrath et Metzner), 1880. 1 p. 8.
(Bulletin de la Société des Sciences naturelles de Neuchâtel. Vol. 12, p. 201.)
Goll, H., Note sur le Lièvre alpin, à propos d'une course dans les Alpes. Lausanne (Rouge et Dubois), 1881. 5 p. 8.
(Bulletin de la Société Vaudoise des Sciences naturelles. Vol. XVII, p. 391—396.)
Chasse. A propos de la chasse aux Lièvres. Berne, 1883/84. 1 p. 4.
(Diana. Vol. I, No. 3, p. 6.)
Le Lièvre, et l'article 5 de la loi fédérale sur la chasse. Berne, 1885/6. 2 p. 4.
(Diana. Vol. III, p. 64/66.)

Hirsch, Wolf, etc. — Cerf, Loup, etc.

Forel. Cerf tué à Nyon en 1739. Lausanne. 1 p. 8.
(Bulletin de la Société Vaudoise des Sciences naturelles, p. 699.)
Huguenin, L. Sur un Cerf tué à la Joux Perret en 1831. Neuchâtel (Wolfrath et Metzner), 1874. 1 p. 4.
(Musée Neuchâtelois. 11e année, p. 241.)

Nicolet. Jeune loup offert à la Société. Neuchâtel (Wolfrath), 1845. 1 p. 8.
    (Bulletin de la Société des Sciences naturelles de Neuchâtel. Vol. 1, p. 239.)

Puenzieux. Ad. La Loutre. Lausanne, 1891. 4 p. 8.
    (Chronique agricole, viticole et forestière du Canton de Vaud, IV.)

Keller, C. Ueber einen neuen Fund von Bison priscus. Luzern, 1897. 6 S. 1 Tafel.

Hauenstein, H. Vom Dachs. Neue Beobachtungen. Genf, 1897. 1 S. 4.
    (Diana. Bd. XV, S. 124.)

Coulon, L., Castor pris dans une île du Rhône par Mr. F. Guebhard. Neuchâtel (Wolfrath), 1848. 1 p. 8.
    (Bulletin de la Société des Sciences naturelles de Neuchâtel. Vol. 2, p. 205.)

Girtanner, A., Ueber die Wildschafe. St. Gallen, 1896—97. 40 S. 8.
    (Berichte der st. gallischen naturforschenden Gesellschaft. 1896—97. S. 241.)

— — Geschichtliches und Naturgeschichtliches über den Biber in der Schweiz, Deutschland, Norwegen und Amerika. St. Gallen. 148 S. 8. Mit 10 Tafeln.
    (Berichte der st. gallischen naturforschenden Gesellschaft. 1883—84. S. 115.)

b) Federwild. — Gibier à plume.

Raubvögel. — Rapaces.

Girtanner, A., Beitrag zur Naturgeschichte des Bartgeiers der Centralalpenkette. St. Gallen. 1869/70. 98 S. 8.
    (Berichte der st. gallischen naturwissenschaftlichen Gesellschaft 1869/70. S. 147.)

— — traduit par H. Welter. Le Vautour barbu des Alpes centrales. (Gypaëtus Alpinus). Genève(Jullien), 1872. 66 p. 8.
    (Echo des Alpes. 8e année, p. 90—130 et 258—289.)

— — Steinadler und Bartgeier. Frankfurt, 1871. 1 S. 8.
    (Zoologischer Garten. 1871, S. 154.)

— — Etwas, jedoch weniger über als wegen Gypaëtos barbatus. Wien, 1878. 8 S. 4.
    (Mitteilungen des Wiener ornithologischen Vereins Schwalbe. 1878.)

— — Zur Ernährung und Pflege des Bartgeiers in Gefangenschaft. Wien, 1879. 5 S. 4.
    (Mitteilungen des Wiener ornithologischen Vereins Schwalbe. 1879.)

— — Ein Bartgeier im Tirol gefangen. Wien, 1880. 8 S. 4.
    (Mitteilungen des Wiener ornithologischen Vereins Schwalbe. 1880.)

— — Geschichte eines schweizerischen Bartgeiers. Wien, 1880. 8 S. 4.
    (Mitteilungen des Wiener ornithologischen Vereins Schwalbe. 1880.)

— — Steinadler (am 8. Dezember am Säntis erlegt). Frankfurt a./M., 1880. 2 S. 8.
    (Der Zoologische Garten. Bd. XXI, Nr. 5.)

— — Ueber Graf Turati in Mailand (Bartgeier). Berlin. 2 S. 4.
    (Ornithologisches Centralblatt. 1881, S. 142.)

Coup de fusil. Un beau coup de fusil. (Aigle Royal). Genève (Jullien), 1881. 2 p. 8.
    (Echo des Alpes. 17me année, p. 49 et 50.)

Aigle Royal. Aigle Royal. (Alpes Fribourgeoises). Genève (Jullien), 1881. 3 p. 8.
    (Echo des Alpes. 17me année, p. 49, 50 et 52.)

Raubvogelfang. Zürich, 1881. 4 S. 8.
(Schweiz. Jagd- und Sportzeitung. Bd. I, S. 34, 59.)

Musy, M. Aigle Royal. (Alpes Fribourgeoises). Genève (Jullien), 1882. 2 p. 8.
(Echo des Alpes. 18me année, p. 169 et 331.)

Girtanner, A., Die Kämpfe der Steinadler. Frankfurt, 1882. 5 S. 8.
(Zoologischer Garten. 1882, S. 321.)

— — Seltener Fang zweier Steinadler. Frankfurt, 1880. 1 S. 8.
(Zoologischer Garten. 1882, S. 159.)

— — Zur Kenntnis des Bartgeiers. Dresden, 1888. 19 S. 4. Mit 2 Bildern im Text.
(Weidmann. 1888.)

— — Ueber das neuerdings beobachtete Erscheinen des Bartgeiers im Engadin (Gypaëtus barbatus L.). St. Gallen, 1888. 1 S. 4.
(Die Alpenwelt. Bd. I, Nr. 18.)

Lämmergeyer. Lämmergeyer pris vivant. Genève (Jullien), 1888. 1 p. 8.
(Echo des Alpes. 24me année, p. 307.)

Gallet, J. (Aigle Royal à Mürren). Le Schilthorn en hiver. Genève (Jullien), 1888. 1 p. 8.
(Echo des Alpes. 21e année, p. 58.)

Girtanner, A., Das Vorkommen des Seeadlers (Aquila albicilla L.) in der Schweiz. Zürich, 1890. 4 S. 4.
(Schweiz. Blätter für Ornithologie. Bd. XIV, Nr. 1.)

Hauser, F., Steinadlerfang in den Glarner Freibergen. St. Gallen, 1896. 3 S. 4.
(Zentralblatt für Jagd- und Hundeliebhaber. Bd. XII, S. 194.)

Hühner. — Gallinacés.

Fatio, V., Un tétras du Musée de Neuchâtel. Genève et Paris, 1865/66. 2 p. 8.
(Bulletin de la Société ornithologique suisse. Procès-verbaux des séances. Vol. I, p. 117 u. 118.)

— — Quelques observations sur deux tétras des musées de Neuchâtel et de Lausanne. Genève, 18. Dec. 1867. Lausanne (Blanchard), 1866 à 1868. 9 p. 8.
(Bulletin de la Société vaudoise des sciences naturelles. Vol. 9, p. 590 à 598.)

— — Passage de Cailles à Genève le 18 novembre 1867. Genève (Georg) et Paris, 1867. 1 p., 8.
(Bulletin de la Société ornithologique suisse [Procès-verbaux des séances] Vol. I, tome 2, p. 162—163.)

Girtanner, A., Das Steinhuhn in den Schweizeralpen. Berlin, 1877. 4 S. 4.
(Gefiederte Welt. 1877, S. 208.)

— — Zur Pflege und Eingewöhnung des Alpenschneehuhns in Gefangenschaft. Frankfurt, 1880. 11 S. 8.
(Zoologischer Garten. 1880, S. 71.)

Auerhahnjagd, die. Zürich. 1881. 5 S. 8.
(Schweiz. Jagd- und Sportzeitung. Bd. I, p. 198, 232.)

Musy, M., Chronique — Section du Moléson. — (Perdrix blanche et Perdrix rouge). Genève (Jullien), 1881. 1 p. 8.
(Echo des Alpes. 17me année, p. 62.)

Fatio, V., Les bâtards de nos Tétras. Berne, 15. Sept. 1883. 2 p. 4.
(Diana, Vol. I, n° 6, p. 5—6.)

Berney. A propos de la diminution des Tétras dans nos Alpes. Berne, 1883/4. 2 p. 4.
(Diana. Vol. I, No. 4, p. 7/8.)

V9c

Hübner. Sumpfvögel. Schwimmvögel.
Gallinacés. Oiseaux des marais. Palmipèdes.

Fasanen, zur Einbürgerung der, von E. S. Zürich, 1885. 6 S. 4.
(Centralblatt für Jagd- und Hundeliebhaber. Bd. I, S. 57/58, 65/66, 74.)
Vernet, H. Le Coq de bruyère au Jura. Genève, 1893/94. 6 p. 4.
(Diana. Vol. XI, p. 85 et 97.)
Hauser, F. Das Auerhuhn. St. Gallen, 1896. 4 S. 4.
(Zentralblatt für Jagd- und Hundeliebhaber. Bd. XII, S. 115, 129.)
— — Birkhahnbalz. St. Gallen, 1896. 5 S. 4.
(Zentralblatt für Jagd- und Hundeliebhaber. Bd. XII, S. 5, 12.)
Goll, H. Sur les bâtards de nos Tétraonides ou Rackelhühner. Genève, 1897. 2 p. 4.
(Diana. Vol. XV, p. 114.)
Welti, A. Auer- und Birkhahnbalz im Frühling 1897. Genf, 1897. 2 S. 4.
(Diana. Bd. XV, S. 9.)

Sumpfvögel. — Oiseaux des marais.

Coulon. Oie de Temminck tuée sur le lac de Morat. Neuchâtel (Wolfrath), 1852. 1 p. 8.
(Bulletin de la Société des Sciences naturelles de Neuchâtel. Vol. 2, p. 316.)
Olivier, Urbain, Souvenir des Bois. — A propos de Bécasses, 14 avril 1860. Lausanne, 1860. 25 p. 8.
(Bibliothèque Universelle. Nouvelle période 45e année. Vol. 8, p. 217 à 241.)
Coulon, L., Héron Aigrette tué sur le Grand Marais. Neuchâtel (Wolfrath et Metzner), 1863. 1 p. 8.
(Bulletin de la Société des Sciences naturelles de Neuchâtel. Vol. 6, p. 424.)
Fatio, V., Une colonie d'Ardea cinerea en Suisse. 8.
(Bulletin de la Société ornithologique suisse. 1865.)
Lunel, G., Note sur le bécasseau platyrhynque (Tringa platyrhyncha Flem.). Genève et Bâle, 1865. 6 p. 8.
(Bulletin de la Société ornithologique suisse. 1865, Vol. I, p. 1 et 2.)
Fatio, V., Le Syrrhaptes Paradoxus en Suisse. Genève (Georg) et Paris, 1865, 1866. 4 p. 8.
(Bulletin de la Société ornithologique suisse. Vol. 1, p. 111—114.)
Coulon, L. Flamant tué à Sugy. Neuchâtel (Wolfrath et Metzner), 1876. 1 p. 8.
(Bulletin de la Société des Sciences naturelles de Neuchâtel. Vol. 11, p. 5.)
— — L. Phalaropus platyrhynchus tué sur le lac de Neuchâtel. Neuchâtel (Wolfrath et Metzner), 1877. 1 p. 8.
(Bulletin de la Société des Sciences naturelles de Neuchâtel. Vol. 11, p. 39.)
Fatio, V., La Grande Outarde (Otis tarda) à Genève. Berne, 1er juin 1890. 4 p. 4.
(Journal Diana. Vol. VIII, No. 5, p. 35—38.)
Vernet, H., Le passage de la bécasse au Jura en automne 1878, 1879, et de 1885 à 1897. Genève. 4.
(Diana. Nos. de Janvier 1886, 87, 88, 89, 90, 91, décembre 1891, janvier 1893, 94, 95, 96 et 97.)

Schwimmvögel. — Palmipèdes.

Coulon, L., Note sur un Plongeon Lumme adulte tué à Neuchâtel. Neuchâtel (Wolfrath), 1846. 1 p. 8
(Bulletin de la Société des sciences naturelles de Neuchâtel. p. 421.)

Coulon, L., Canards tués sur notre lac (Anas tadorna et glacialis). Neuchâtel (Wolfrath et Metzner), 1861. 1 p. 8.
(Bulletin de la Société des Sciences naturelles de Neuchâtel. Vol. 5, pag. 452.)

— — Plongeon femelle pris sur le lac. Neuchâtel (Wolfrath et Metzner), 1862. 1 p. 8.
(Bulletin de la Société des Sciences naturelles de Neuchâtel. Vol. 6 p. 60.)

Turrettini, Th., Cygne sauvage tué près de Coppet. Genève (Georg) et Paris, 1865, 1866. 1 p. 8.
(Bulletin de la Société ornithologique Suisse. Procès-verbaux des Séances. Vol. 1, p. 101.)

C. Ornithologie und Vogelschutz. — Ornithologie et protection des oiseaux.

Ornithologie. — Ornithologie.

Gesner, C., Conradi Gesneri Tigurini Historiae animalium. Liber III, qui est de avibus. Tiguri, 1554. 779 S. 4.
(Mit zahlreichen Holzschnitten im Text.)

— — Icones avium omnium quae in Historia avium Conradi Gesneri describuntur cum nomenclaturis singulorum latinis, italicis, gallicis et germanicis. Tiguri, 1555. 287 S. 4.
(Die Abbildungen als Holzschnitte im Text gedruckt und von Hand gemalt.)

— — Gesneri Redivivi, aucti et emendati. Tomus II. Oder vollkommenes Vogelbuch durch Georg Horst. MD. Frankfurt, 1669. 380 S. 4.
(Mit zahlreichen Abbildungen im Text.)

Vogelbuch. Ein Band von Hand gemalter Vögel, enthaltend 172 Abbildungen von Vögeln, die bei Bern, im Aargau und im Waadtland erlegt wurden. Um 1650. Fol.
(Stadtbibliothek Bern.)

Wagnerus, J. J., Historia Naturalis Helvetiae Curiosa in VII Sectiones compendiose digesta Authore Joh. Jacobo Wagnero Med. Doct. Tiguri, 1680. VII 390 S. 12.
(Vögel auf S. 190—210. Articulus III. De Avibus.)

Meisner. Systematisches Verzeichnis der Vögel, welche die Schweiz entweder bewohnen, oder teils zu bestimmten, teils zu unbestimmten Zeiten besuchen. Bern, 1804. IV. 70 S. 8.

Meisner u. Schinz. Die Vögel der Schweiz systematisch geordnet und beschrieben mit Bemerkungen über ihre Lebensart und Aufenthalt. Zürich, 1815. XXVIII. 328 S. 8.

Necker, L. A. Mémoire sur les oiseaux des environs de Genève. Genève (Paschoud) et Paris, 1823. 93 p. 4.
(Mémoires de la Société de Physique et d'Histoire naturelle de Genève. Vol. II, 1re Partie. p. 29 à 121.)

Depierre. Note sur le passage périodique et accidentel des oiseaux d'Europe. Lausanne (Blanchard), 1842—1845. 14 p. 8.
(Bulletin des Séances de la Société Vaudoise des Sciences naturelles. Vol. 1. p. 73 à 78 et 85 à 92.)

— — Statistique du passage des oiseaux émigrant en 1842 dans le Canton de Vaud. Lausanne (Blanchard), 1842—1845. 3 p. 8.
(Bulletin des Séances de la Société Vaudoise des Sciences naturelles. Vol. I. p. 143—145.)

Depierre. Note sur les époques du passage de quelques oiseaux dans le canton de Vaud en 1844. Lausanne (Blanchard), 1842–1845. 2 p. 8.
<small>(Bulletin des Séances de la Société Vaudoise des Sciences naturelles. Vol. I. p. 767–368.)</small>

Nicolet, C., Enumération des oiseaux sédentaires et des oiseaux de passage qui restent pendant l'hiver à la Chaux-de-Fonds. Neuchâtel (Wolfrath), 1844. 2 p. 8.
<small>(Bulletin de la Société des Sciences naturelles de Neuchâtel. Vol. I. p. 117 et 118.)</small>

Monti, M., Catalogo e notizie compendiose degli uccelli di stazione e di passaggio nella città, provincia e diocesi di Como e loro comasca sinonimia (compreso il cantone Ticino). Como, 1845. 16.

Depierre. Note sur les époques du passage de quelques oiseaux en 1845 dans les environs de Lausanne. Lausanne, 1846–1848. 1 p. 8.
<small>(Bulletin des Séances de la Société Vaudoise des Sciences naturelles. Vol. II. p. 63.)</small>

— — Relevé des Migrations d'oiseaux sur les bords du lac de Genève pendant l'année 1846. Lausanne (Blanchard), 1846–1848. 2 p. 8.
<small>(Bulletin des Séances de la Société Vaudoise des Sciences naturelles. Vol. II. p. 193–194.)</small>

Vouga. Extrait du Mémoire sur la faune ornithologique du Bassin du lac de Neuchâtel. Neuchâtel (Wolfrath), 1852.
<small>(Bulletin de la Société des Sciences naturelles de Neuchâtel. Vol. 2. p. 409 à 422.)</small>

Riva, A. Schizzo ornitologico delle provincie di Sondrio e di Como e del cantone Ticino. Lugano, 1860. 16.

Lavizzari, L., Uccelli osservati al Gottardo. Lugano, 1863. 5 S. 16.
<small>(Escursione nel Cantone Ticino, p. 671.)</small>

Necker, L. A. Mémoire sur les oiseaux des environs de Genève précédé d'une notice bibliographique sur l'auteur d'après J. B. Forbes. Genève, (Cherbuliez). 1864, 206 p. 12.

Depierre. Contributions à la Faune vaudoise des oiseaux. Lausanne, 1864 et 1865. 3 p. 8.
<small>(Bulletin de la Société Vaudoise des Sciences naturelles. Vol. VIII, p. 146–148.)</small>

Riva, A. L'Ornitologo Ticinese, ossia manuale descrittivo degli uccelli di stazione e di passaggio nel cantone Ticino. Lugano, 1865. VI. 584 p. 8.

Fatio, V., Mélanges ornithologiques. Genève, 1866. 8.
<small>(Bulletin de la Société ornithologique suisse. 1866.)</small>

Chatelain, A. Quelques oiseaux du Canton de Neuchâtel. 1) Oiseaux d'eau et des marais. — II) Oiseaux des rivages et des champs. — III) Oiseaux des forêts et des montagnes. Neuchâtel (Wolfrath et Metzner), 1866 et 1867. 34 p. 4.
<small>(Musée Neuchâtelois. 3e et 4e années. I) 17 p. vol III. — II) 11 p., vol. III et IV. — III) 6 p., vol. IV.)</small>

Girtanner, A., Die Ausstellung lebender schweizerischer Vögel in St. Gallen 1869. St. Gallen, 1868/69. 54 S. 8. Mit 1 Tafel.
<small>(Berichte der St. Gallischen naturwissenschaftl. Gesellschaft. 1868/69. S. 234.)</small>

Pavesi, P., Su alcuni uccelli albini osservati a Lugano nel 1869. Milano, 1869. 6 p. 16.
<small>(Atti della Società italiana di scienze naturali. Vol. XII.)</small>

Girtanner, A., Das Weissbad und Sentisstock, mit Avifauna. St. Gallen, 1870. 20 S. 4.
<small>(Alte Alpenpost. 1870.)</small>

Saratz. Faune ornithologique de la haute Engadine. Genève et Bâle, 1870. 25 p. 8.
(Bulletin de la Société ornithologique suisse. Vol. II, 2me partie.)
Vouga, Liste d'oiseaux rares tués par le capitaine Vouga de 1816 à 1870. Neuchâtel (Wolfrath et Metzner), 1870. 2 p. 8.
(Bulletin de la Société des Sciences naturelles de Neuchâtel. Vol. IX,) p. 2 et 3.)
Girtanner, A., Ornithologischer Streifzug durch Graubünden 1870—71. St. Gallen, 1871.
(Berichte der St. Gallisch naturwissenschaftl. Gesellschaft. 1870/71. S. 268.
— — Verschlagene Wanderer aus der Vogelwelt. Berlin, 1878. 1 S. 4.
(Ornithologisches Centralblatt. 1878.)
Vouga. Aug., Liste des oiseaux observés en Suisse depuis 1837. Neuchâtel (Wolfrath et Metzner), 1878. 2 p. 8.
(Bulletin de la Société des Sciences naturelles de Neuchâtel. Vol. XI, p. 274—575.)
Girtanner, A., Fremdlinge aus der Vogelwelt am Bodensee. Frankfurt, 1880. 1 S. 8.
(Zoologischer Garten. 1880, S. 28.)
Ornithologische Beobachtungen in St. Gallen und Umgebung. Zug, 1882. 6 S. 4.
(Schweizer. Blätter für Ornithologie. Bd. VI, S. 224, 236, 248, 261.)
Kaeser. Ornithologische Streifereien der Aare nach bei Diesbach, Bern. Zug, 1884. 3 S. 4.
(Schweiz. Blätter für Ornithologie. Bd. VIII, S. 237, 263.)
Haller, G., Allgemeines über unsere schweizerische Vogelwelt. Zürich, 1886. 8 S. 4.
(Schwelz. Blätter für Ornithologie. Bd. X, S. 53, 64, 74, 87, 99, 116, 127.)
— — Unsere gefiederten Lieblinge in der Alpenwelt. Zürich, 1886. 8 S. 4.
(Schweiz. Blätter für Ornithologie. Bd. X, S. 155, 170, 185, 199, 211.)
— — Die Sommerfrischler in der schweiz. Vogelwelt. Zürich, 1886. 9 S. 4.
(Schweiz. Blätter für Ornithologie. Bd. X, S. 239, 253, 269, 281, 291, 305, 317, 327.)
— — Die Standvögel der Thalsohle. Zürich, 1886. 6 S. 4.
(Schweiz. Blätter für Ornithologie. Bd. X, S. 337, 347, 357, 367, 380.)
Schneider, G., Die Vögel, welche im Oberelsass, in Oberbaden, in den schweizerischen Kantonen Baselstadt und Baselland, sowie in den an letztere angrenzenden Teilen der Kantone Aargau, Solothurn und Bern vorkommen. Wien, 1887. 50 S. 8.
(Ornis. Internat. Zeitschrift für die gesamte Ornithologie. III. Jahrg. S. 509.)
Fatio, V. et **Studer,** Th., Catalogue des oiseaux de la Suisse. I. Livraison: Rapaces diurnes. Berne, 1889. 107 p. 8. II. Livraison: Hiboux et Fissirostres. Berne, 1894. II. 96 p. 8.
Studer, Th., und **Fatio,** V., Katalog der schweiz. Vögel. I. Lieferung: Tagraubvögel. Bern, 1889. 100 S. 8. II. Lieferung: Eulen- und Spaltschnäbler. Bern, 1894. II. 90 S. 8.
— — Katalog der schweizerischen Vögel und ihrer Verbreitungsgebiete. Bern und Genf, 1892. 69 S. 8. Mit einer Karte.
Girtanner, A., Die Rheinregulierung und die Vogelwelt. Zürich, 1893. 8 S. 8.
(Schweizerische Blätter für Ornithologie. 1893.)
Poncy. R., Les hôtes d'hiver dans le port de la ville de Genève. Genève, 1897. p. 3. 4.
(Diana, XV, p. 23, 104, 148.)

V9c

Blätter, schweizerische, für Ornithologie. Jahrg. 1877—97. Zug und Zürich 1877/1897. 4.

Rambert et **Robert**. Les oiseaux dans la Nature. II. Vol. Lausanne (sans date). 120 p. 8.

Vogelschutz. — Protection des oiseaux.

Kreisschreiben der Erziehungsdirektion des Kantons Zürich betreffend Ausnehmen von Vogelnestern.
(Amtsblatt. 1844. S. 288.)

Tschudi, Friedr. v. Ueber die landwirthschaftl. Bedeutung der Vögel und einige pia desideria bei e. Revision unserer Jagdgesetze etc. St. Gallen, 1854.
(St. Galler Staatsarchiv Misc. Nr. 51. 14 S. 8.)

— — Ueber die landwirthschaftl. Bedeutung der Vögel und einige pia desideria bei einer Revision unserer Jagdgesetze vom Standpunkt der Landwirthschaft. (Vortrag, gehalten vor der Frühlingsversammlung der St. Gallischen landwirthsch. Gesellschaft. Chur, 1854. 8.
(Bündnerisches Monatsblatt. Bd. 5. 13 S. [S. 113]p.

Vögel. Kreisschreiben des Kl. Rathes des Kant. St. Gallen an sämmtl. Bezirksammänner und Gemeinderäthe dess. betr. Schutz der Vögel. Vom 31. März 1858. St. Gallen, 1858.
(St. Galler Staatsarchiv Misc. Nr. 51. 2 S. 8.)

Tschudi, F., Gli uccelli e gli insetti nocevoli, a difesa degli uccelli. Zurigo, 1859. 16.

Roulet, Oiseaux placés sous la sauvegarde de la Confédération. Neuchâtel (Wolfrath et Metzner), 1877. 3 p.. 8.
(Bulletin de la Société Vaudoise des Sciences naturelles. Vol. XI, p. 260—262.)

Vogelschutz, der, dessen Anwendung und Uebertreibung. Zug, 1881. 3 S. 4.
(Schweiz. Blätter für Ornithologie. Bd. V, S. 27 und 39.)

Petits oiseaux, Destruction des petits oiseaux. Genève (Jullien), 1881. 1 p. 8.
(Echo des Alpes. 17me année, p. 141.)

Fatio, V., Premier Congrès ornithologique international à Vienne 1884. Rapport au haut Conseil fédéral suisse du délégué suisse. Genève et Berne. 1884. 35 p. 8.

Roccolo (C. B.), Der Roccolo oder Vogelherd. Bern, 1885/86. 4 S. 4.
(Diana, Bd. III, S. 37.)

Ohlsen, C., Vortrag über die Massnahmen zur internationalen Regelung des Schutzes der Wandervögel. Gehalten am internationalen Thierschutz-Congress zu Bern, 1894. Bern. 1895. 26 S. 8.

Ohlsen, Ch., La protection de la caille. Genève, 1896. 2 p. 4.
(Diana, vol. XIV, p. 13.)

Bucher, J. J., Unsere Vögel, ihre Nützlichkeit und ihre stete Abnahme, die Nothwendigkeit für ihre Vermehrung zu sorgen. S. 11 u. 94. Zürich, 1896. 8.

Vinassa, Beschreibung nebst Zeichnungen der durch das Bundesgesetz über Jagd- und Vogelschutz verbotenen, früher im Kanton Tessin zum Vogelfang verwendeten Geräthe und Vorrichtungen. 12 S. Lugano, 1896. Fol.
(Manuscript im Besitz des eidg. Departement des Innern.)

Vögel, die nützlichen, oder die Freunde der Landwirtschaft. Lausanne (ohne Datum). 126 S. 8.
Oiseaux, utiles ou les amis de l'Agriculteur. Lausanne (sans date). 126 p. 8.

Jagdverhältnisse der Schweiz und einzelner Gebiete.
Chasse en général et dans quelques contrées de la Suisse en particulier.

Stumpf, J., Schweizer Chronik. 1548, 1568, 1606. Fol.
(Jagd in der Schweiz.)
(**De la Borde et Zurlauben**). Tableau de la Suisse ou Voyage pittoresque fait dans les 13 Cantons. Paris (Lamy), 1786. 16 p. 4.
(Animaux de la Suisse et leur chasse. Vol. I, tome 3, p. 419—434.)
Schinz, R., Vom Weidewerk der Welschen. Zürich, 1787. 11. S. 8.
(Beiträge zur Kenntnis des Schweizerlandes. Heft V, S. 732.)
Korrmann, P. H., Darstellung des Schweizerlandes. (Jagd in Bünden). Hamburg, 1797. 25 S. 8.
(Bd. III, S. 2375—2399.)
Ebel, J. G., Schilderung der Gebirgsvölker der Schweiz. (Jagdwesen in Glarus). Leipzig, 1802. 4 S. 8.
(Bd II, S. 200—204.)
Gewild, Kurze, geographisch-statistische Darstellung des Kantons Glarus. (Gewild). Zürich. 2 S. 12.
(Helvetischer Almanach. Jahrg. 1809, S. 67.)
Ghiringhelli, P., Topographisch-statistische Darstellung des Kantons Tessin. XII Viehzucht, Jagd. Zürich. 4 S. 12.
(Helvetischer Almanach. Jahrg. 1812, S. 24 u. f.)
Jagd (Aargau), Topographisch-statistische Beschreibung des Kantons Aargau, IX Jagd. Zürich. 1 S. 12.
(Helvetischer Almanach, Jahrg. 1816, S. 67.)
Meyer v. Knonau, Der Kanton Zürich, Jagd. St. Gallen u. Bern, 1834.
(Gemälde der Schweiz. Bd. I, S. 103. Bd. II, S. 256.)
Ruesch, G., Kanton Appenzell, Jagd. St. Gallen u. Bern, 1835.
(Gemälde der Schweiz. S. 68—69.)
Franscini, St., Der Kanton Tessin, Jagd. St. Gallen u. Bern, 1835.
(Gemälde der Schweiz. S. 152—153.)
Strohmeier, J., Der Kanton Solothurn, Jagd. St. Gallen u. Bern, 1836.
(Gemälde der Schweiz. S. 97—98.)
Pupikofer, J. A., Der Kanton Thurgau, Jagd. St. Gallen u. Bern, 1837.
(Gemälde der Schweiz. S. 98.)
Röder, G. W., u. **Tscharner**, P. C. v., Der Kanton Graubünden, Jagd. St. Gallen u. Bern, 1838.
(Gemälde der Schweiz. S. 374.)
Im Thurn, Ed., Der Kanton Schaffhausen, Jagd. St. Gallen u. Bern, 1840.
(Gemälde der Schweiz. S. 66.)
Burkhardt, L. A., Der Kanton Basel, Jagd. St. Gallen u. Bern, 1841.
(Gemälde der Schweiz. S. 68.)
Brunner, F. X., Der Kanton Aargau, Jagd. St. Gallen u. Bern, 1844.
(Gemälde der Schweiz. Bd. I, S. 474—476.)
Näf, Aug., Chronik oder Denkwürdigkeiten der Stadt- und Landschaft St. Gallen. Jagdwesen und Forstwirtschaft im Kanton St. Gallen. St. Gallen, 1850.
(S. 110—120.)
Jäger, Die — und die Jagd im Kanton Bern. 1 S. Das Vaterland, Bd. II, S. 1289—1290. Jahrg. 1852. Bern. 4.
Quiquerez, Notice sur la chasse dans l'ancien évêché de Bâle. Porrentruy (Victor Michel), 1855. p. 46. 8.
(Coup d'œil sur les travaux de la Société Jurassienne d'émulation Vol. 7.)

Lavizzari, Escursioni nel Cantone Ticino di Luigi Lavizzari, Dottore di scienze naturali (Caccia). Lugano, 1859. 4 S. (S. 387—391.) 12.

Meyer, J., Land, Volk und Staat der Schweiz. Eidgenossenschaft. Jagd und Fischfang. Zürich, 1861. Bd. I, S. 323—336.

Keller, J., Die Erwerbsverhältnisse des jurassischen Berneraargaus. Ueber Jagd. Aarau, 1864.
    (In «Stocker». Vom Jura zum Schwarzwald. Bd. I, S. 265—266.)

Staub, L., Der Kanton Zug. Jagd und Fischerei. Zug, 1869. S. 31—33.

Risold, Carl, Die Jagd im Berner Oberland. 7 S. Alpenrosen. Bd. VI. Jahrg. 1874, 296 - 298, 304—306. 313 bis 314, 321—323, 329—331. Bern.

Berlepsch, H. A., Schweizerkunde. Jagd. Braunschweig, 1875. II. Aufl., S. 504—508 u. S. 298 u. ff.

Sprecher, A. v., Geschichte der Republik der drei Bünde im 11. Jahrhundert. Jagd und Fischerei in Graubünden. Chur, 1875. Bd. II, S. 102—115.

Mani, Chr., Wildhut und Thierschutz im Tessin. Lenzburg, 1880. 3 S. 8.
    (Der praktische Forstwirth. Bd. XIV, S. 9.)

Jagdverhältnisse. Unsere. Zürich. 1881. 5 S. 8.
    (Schweiz. Jagd- und Sportzeitung. Bd. I, S. 1, Jahrg. I.)

Curti, G., Esposizione delle industrie per la caccia degli uccelli nella Svizzera Italiana. Zürich, 1883. 2½ S. Fol.
    (Ausstellungs-Zeitung. Off. Organ der schweiz. Landesausstellung 1883. S. 281, 293, 301, 304.)

Jagdverhältnisse, Ueber Jagdverhältnisse im Kanton Glarus. Bern, 1883/84. 3 S. 4.
    (Diana, Bd. I, Nr. 8, S. 1.)

Manni, Chr., Graubündnerische Jagdverhältnisse. Bern, 1883/84. 3 S. 4.
    (Diana, Organ des schweiz. Jäger- und Wildschutz-Vereins. Bd. I, Nr. 1, S. 6, Nr. 2, S. 3.)

Risold, Ed., L'observation des lois fédérales et cantonales sur la chasse dans le Tessin. Berne. 1884/85. 7 p. 4.
    (Diana, Vol. II, p. 88/89, 93/94, Vol. III, p. 1—3 und 9—11.)

Wildstand, Die Dezimirung des Wildstands, speziell im Kanton Zürich. Zürich, 1885. 3 S. 4.
    (Centralblatt für Jagd- und Hundeliebhaber. Bd. I, S. 26, 35, 51.)

Jagdgesetz (Risold, Ed.), Die Handhabung des eidg. und kantonalen Jagdgesetzes im Tessin. Bern, 1885/86. 8 S. 4.
    (Diana. Bd. III, S. 1, 9, 17, 23.)

Pupikofer, J. A., Geschichte des Thurgaus. Jagdwesen im Thurgau. 1886. Bd. I, S. 47, 63, 91, 92, 236, 324, 340, 778, 787, 788, 793. Bd. II, S. 26, 210, 211, 426—427, 617—619, 107—109, 130, 145, 146, 224, 323, 360, 411, 640, 749.

Jagdverhältnisse (H. Fleiner), Schweizerische Jagdverhältnisse. Bern, 1886/87. 11 S. 4.
    (Diana. Bd. IV, S. 37, 45, 49, 61.)

Graubünden, Jagdwesen. Zürich, 1887. 2¾ S. 4.
    (Schweiz. Zeitschrift für das Forstwesen. Jahrg. 1887, S. 101.)

Jagdzustände, Ein Wort zur Anbahnung besserer in der Schweiz. Von einem ältern Jäger. Basel, 1887. 5 S. 4.
    (Centralblatt für Jagd- und Hundeliebhaber. Bd. III, S. 104 |5, 178, 194|5, 201|2.)

Jagd und Fischerei im Kanton Glarus von 1884—1887. Davos. 1888. 9 S. 8.
    (Der praktische Forstwirth für die Schweiz. Jahrg. XXIII, S. 135.)

Jagdwesens, zur Reorganisation des (Zürich). Basel u. St. Gallen, 1888. 22 S. 4.
(Centralblatt für Jagd- und Hundeliebhaber. Bd. IV, S. 10/11, 16|17, 26—34, 42|3—52, 67|8, 65|66, 106—115, 122—128, 137|8, 145|6, 153|4. Jahrg. 1888.)

Betrachtungen über den Wildstand im Kanton St. Gallen von W. K. Bern, 1888/89. 2 S. 4.)
(Diana. Bd. VI, S. 22|24.)

Entgegnung auf den Artikel: Betrachtungen über den Wildstand im Kanton St. Gallen. Bern, 1888/89. 2 S. 4.
(Diana. Bd. VI, S. 41|42. Jahrg. 1888|89.)

Manoël, A. de, La chasse en Suisse. Berne, 1888/89 et 1889/90. 17 p. 4.
(Diana, vol. VI, p. 145, 153, 169, vol. VII, p. 9, 17, 28.)

Bleuler-Hünl, C., Die jagdlichen Verhältnisse im Kanton Zürich und deren Verbesserung. Bern, 1889/90. 7 S. 4.
(Diana. Bd. VII, S. 89, 97, 105. Jahrg. 1889|90.)

Bruchstücke aus den Bestrebungen der Sektion St. Gallen des schweiz. Jagdschutzvereins Diana zur Regelung der misslichen Jagdzustände. St. Gallen, 1890. 2 S. 4.
(Centralblatt für Jagd- und Hundeliebhaber u. Fischereiwesen. Bd. VI, S. 132|3.)

Wildmangel und seine Ursachen mit spezieller Berücksichtigung der Jagdverhältnisse des Kantons Luzern. St. Gallen, 1890. 2 S. 4.
(Centralblatt für Jagd- und Hundeliebhaber u. Fischereiwesen. Bd. VI, S. 227|28, Jahrg. 1890.)

Jagdverhältnisse, über in Graubünden. Bern, 1890/91. 2 S. 4.
(Diana. Bd. VIII, S. 182, Jahrg. 1890|91.)

Jagdverhältnissen, von den zürcherischen, in den 30er Jahren unseres Jahrhunderts und früher. St. Gallen, 1891. 1 S. Fol.
(Centralblatt für Jagd- und Hundeliebhaber und Fischereiwesen. Bd. VII, S. 130|1. Jahrg. 1891.)

Jagdliches aus St. Gallen, St. Gallen. 1 S. Fol.
(Centralblatt für Jagd- und Hundeliebhaber und Fischereiwesen. Bd. VII, S. 151|2. Jahrg. 1891.)

— — aus Appenzell I.-Rh. St. Gallen, 1891. 1 S. Fol.
(Centralblatt für Jagd- und Hundeliebhaber und Fischereiwesen. Bd. VII, S. 169, Jahrg. 1891.)

Betrachtungen, kritische, über die Jagdverhältnisse im Berner Oberland. St. Gallen, 1891. 1 S. Fol.
(Centralblatt für Jagd- und Hundeliebhaber und Fischereiwesen. Bd. VII, S. 177, Jahrg. 1891.)

Jagdliches aus Appenzell I.-Rh. St. Gallen, 1892. 1 S. Fol.
(Centralblatt für Jagd- und Hundeliebhaber und Fischereiwesen. Bd. VII, S. 102, Jahrg. 1892.)

Jagd und Jäger (Graubünden). St. Gallen, 1892. 1 S. Fol.
(Centralblatt für Jagd- und Hundeliebhaber. 1893, Bd. IX, S. 276.)

Jagdliches aus dem Kanton Zürich. St. Gallen, 1893. 2 S. Fol.
(Centralblatt für Jagd- und Hundeliebhaber. 1893, Bd. IX, S. 13 u. 22.)

Zollikofer. Ueber einige besondere Vorkommnisse der vergangenen Jagdzeit. St. Gallen, 1893. 2 S. Fol.
(Centralblatt für Jagd- und Hundeliebhaber. 1893, Bd. IX, S. 10 u. 27.)

Jagdwesen. Zum Jagdwesen im Aargau. Genf, 1893/94. 6. S. 4.
(Diana. Bd. XI, S. 61 u. 73. Jahrg. 1893/94.)

Raubzeug. Vom Raubzeug im Bündnerland einst und jetzt. St. Gallen, 1894. 2. S. 4.
(Centralblatt für Jagd- u. Hundeliebhaber. Bd. X, S. 126. Jahrg. 1894.)

Camenisch, R., Ueber jagdliche Zustände in Graubünden. Genf, 1895/96. 2. S. 4.
(Diana. Bd. XIII, S. 86, Jahrg. 1895/96.)

Graubünden. Jagdliches aus Graubünden. Genf, 1895/96. 2. S. 4.
(Diana. Bd. XIII, S. 221, Jahrg. 1895/96.)

Fischer-Sigwart, Wildsaujagden um Zofingen 1870—71. Genf, 1897. 1½ S. 4.
  (Diana, Bd. XV, S. 145. Jahrg. 1897.)
Goll, H., Observations cynégétiques sur la vallée de l'Oberhalbstein (Grisons). Genève, 1896 et 1897. 3 p. 4.
  (Diana. Vol. XIV. pag. 141 et XV, p. 3 et 16.)
M. G., A propos du repeuplement du gibier en Suisse. Genève, 1897. 2 p. 4.
  (Diana. Vol. XV, p. 45, 50.)
Tillier, Ant. v. Geschichte des eidg. Freistaates Bern. Jagdwesen im Kanton Bern.
  (Bd. I, S. 35. Bd. II, S. 546. Bd. III S. 356.)

Jagdhunde. — Chiens de chasse.

Jagdhunde. Die Schweizer Laufhunde von K. M. (Max Siber). Leipzig, 1881. 2 S. Fol.
  (Der Hund. Verlag R. Jenne. Bd. VI, S. 191, 192.)
— — Schweizer Bracken von B. Siegmund. Leipzig, 1882. 2 S. Fol.
  (Der Hund. Verlag Paul Wolff. Bd. VII, S. 121/2.)
Laufhunde. Rassekennzeichen der Schweizer Laufhunde (Jagdhunde). Leipzig. 1883. 2 S. Fol.
  (Der Hund. Verlag Paul Wolff. Bd. VIII, S. 76/77.)
Die jagenden Hunde auf der Zürcher Ausstellung 1883 von K. M. (Max Siber). Leipzig. 1883. 2 S. Fol.
  (Der Hund, Verlag von Paul Wolff. Bd. VIII, S. 149, 150.)
M. S. Die Otterhunde der Diana. Zürich, 1885. 2. S. 4.
  (Schweiz. Blätter für Kynologie. I. Jahrg. S. 117.)
S. Dachshunde. Zürich 1885. 3. S. 4.
  (Schweiz. Blätter für Kynologie. Bd. I. S. 135.)
Studer, Th. Die Hunde der gallischen Helvetier. Zürich, 1886. 6. S. 4.
  (Schweiz. Blätter für Kynologie. Bd. II. S. 93.)
Laufhunde. Die Schweizer Laufhundrassen. Basel, 1887. 3 S. 4.
  (Zentralblatt für Jagd- und Hundeliebhaber. Bd. III, S. 61/62 u. 67—69.)
Siber, M. Schweizer Laufhunde. St. Gallen, 1893. 2 S. 4.
  (Centralblatt für Jagd- und Hundeliebhaber. Bd. IX, S. 21, 37.)
Studer, Th. Zwei grosse Hunderassen aus der Steinzeit der Pfahlbauten. St. Gallen, 1893. 15. S. 8.
  (Schweiz. Hundestammbuch. Heft V. S. 1.)
Petersen, J. A. Windhunde, laut jagende Hunde, Schweisshunde des Jagdreiters, des Hetz- und Laufhund-Jägers Gehülfen. Zürich, 1897. 120 S. 8.
  (Mit Tafeln.)
Muralt, C. v. Die englischen Spaniels oder Stöberhunde. Genf, 1897.
  (Diana. Bd. XV, S. 13, 25, 37, 50, 121.)
Studer, Th. Beiträge zur Geschichte unserer Hunderassen. Berlin, 1897. 10. S. 4.
  (Naturwissenschaftliche Zeitschrift. Red. H. Potonié. Bd. XII, Nr. 28. Auch Exposition nationale suisse. Catalogue illustré, Chasse et Pêche. Genève, 1896. P. 41.)

Jagdsysteme. — Modes de chasses.

Wort, Ein, gegen das Patentsystem. Burgdorf, 1836. 1 S. 4.
  (Berner Volksfreund. Bd. VI, S. 91—92, Jahrg. 1836.)

Jagdsysteme. Jagdbannbezirke.
Modes de chasses. Districts fermés à la chasse.

Th. I. (Theodor Imhof), Patent-System und Jagdschutz. Zürich. 1885. 4 S. 4.
<small>(Centralblatt für Jagd- und Hundeliebhaber. Bd. I, S. 2—3 u. 10—11, Jahrg. 1885.)</small>

Revier- und Patentsystem. Eine Vergleichung mit statistischen Angaben, speziell auf unsere schweiz. Jagdzustände angewendet. St. Gallen, 1888. 4 S. 4.
<small>(Centralblatt für Jagd- und Hundeliebhaber. Bd. VI, S. 161|2, 171|2, Jahrg. 1888.)</small>

Jagdzustände. Unsere Jagdzustände. Eine Vergleichung unseres Patentsystems mit dem aargauischen Reviersystem. Bern, 1888/89. 6 S. 4.
<small>(Diana. Bd. VI, S. 97, 103, 113. Jahrg. 1888/9.)</small>

Fleiner, H., Das Reviersystem. St. Gallen, 1892. Fol.
<small>(Centralblatt für Jagd- und Hundeliebhaber und Fischereiwesen. Bd. VIII, Sr. 7|5/6, 9|1/2, 11|5, 13|0, Jahrg. 1892.)</small>

— — Nochmals das Reviersystem. St. Gallen, 1892. Fol.
<small>(Centralblatt für Jagd- u. Hundeliebhaber. Bd. VIII, S. 147/8, Jahrg. 1892.)</small>

Kommissions-Anträge zur Erhaltung und Schonung des Wildstandes nach den Grundsätzen des Reviersystems unter Berücksichtigung der Patentjäger und Landwirthschaft. St. Gallen, 1892. 2 S. Fol.
<small>(Centralblatt für Jagd- u. Hundeliebhaber. Bd. VIII, S. 187/8, Jahrg. 1892.)</small>

Fleiner, H. Das Revier-System. Aarau. 19 S. Zürich, 1892. 32.
<small>(Separatabdruck aus der «Neuen Zürcherzeitung».)</small>

Neukomm, Fr., Vorschläge zur Verbesserung des Patentsystems. Genf, 1894/95. 16 S. 4.
<small>(Diana. Bd. XII, S. 2, 13, 25, 49, 61, Jahrg. 1894 95.)</small>

Jagdbannbezirke. — Districts fermés à la chasse.

Jagdbann, Ueber — und Jagdzustände im Kanton Bern überhaupt. 1½ S. Biel, 1855. 4.
<small>(Schweizer Handelscourier, Bd. III, Jahrg. 1855; Extrablatt zu No. 197.)</small>

Binet-Hentsch, J. L., Jahrbuch du S. A. C. 1878—1879 (Districts à Ban). 1 p. p. 282. Echo des Alpes. 15me année. Année 1879. Genève (Jullien). mi 8.

Graubünden. Aus dem zweiten Semestralbericht der bündnerischen Wildhüter. Zürich, 1880. 1. S. 8.
<small>(Schweiz. Zeitschrift für Forstwesen. Jahrg. 1880, S. 89.)</small>

Jägernotizen aus den Freibergen des Walengebietes. Zürich, 1881. 1 S. 8.
<small>(Schweiz. Jagd- u. Sportzeitung. Bd. I, S 205, Jahrg. 1881.)</small>

v. Gross-Marcuard, Die Jagdbannbezirke in den Berneralpen. Bern, 1882/83. 10 S. Kl. 8.
<small>(Jahrbuch des Schweiz. Alpenclub. Bd. XVIII, S. 317, Jahrg. 1882/83.)</small>

Freiberge. Zu dem Capitel Freiberge (Correspondenz aus dem Glarnerland). Zürich, 1885. 2 S. 4.
<small>(Centralblatt für Jagd- und Hundeliebhaber. Bd I. S. 80 81, Jahrg. 1885.)</small>

(v. Gross-Marcuard) Notizen aus der Jagdtasche eines Waidmannes. Die Jagdbannbezirke oder Freiberge im schweiz. Hochgebirge und das Bundesgesetz über Jagd- und Vogelschutz. 12 S. Bern, 1886. 8.

Freibergen, über Oeffnung der Jagd in den. Zürich, 1886. 1 S. 4.
<small>(Centralblatt für Jagd- und Hundeliebhaber. Bd. II, S. 181.)</small>

Schonkreise. Ein Wort über Schonkreise (Correspondenz aus dem Luzernischen). Zürich, 1886. 2 S. 4.
<small>(Centralblatt für Jagd- u. Hundeliebhaber. Bd. II, S. 28/29, Jahrg. 1886.)</small>

Jagdbannbezirke. Jagdstatistik.
Districts fermés à la chasse. Statistique concernant la chasse.

Freiberge, über die sogen. Freiberge im Kanton Bern. St. Gallen, 1890. 2 S. 4.
(Centralblatt für Jagd- und Hundeliebhaber und Fischereiwesen. Bd. VI, S. 75/76, Jahrg. 1890.)

Wildhut. Die Wildhut in den eidgenössischen Jagdbannbezirken. Bern, 1890/91. 14 S. 4.
(Diana. Bd. VIII, S. 77, 85, 93, 102, 113, 121, 129, Jahrg. 1890/91.)

Die Bannbezirke. St. Gallen, 1891. 1 S. Fol.
(Centralblatt für Jagd- und Hundeliebhaber und Fischereiwesen. Bd. VII, S. 20, Jahrg. 1891.)

Unsere Freiberge. St. Gallen, 1891. 1 S. Fol.
(Centralblatt für Jagd- und Hundeliebhaber und Fischereiwesen. Bd. VII, S. 176, Jahrg. 1891.)

Vernet, H., Rapport sur les districts à ban du Canton des Grisons, 1892/93. 10 p. 4.
(Diana, vol. X, p. 225, 237, 249.)

— — Rapport sur l'inspection des districts à ban du Canton des Grisons en juillet 1894. Genève, 1894/95 et 1895/96. 14 p. 4.
(Diana, vol. XII, p. 253, 265, vol. XIII, p. 3.)

S. F., Jagdliches aus Graubünden. Genf, 1897. 1½ S. 4.
(Diana. Bd. XV, S. 97, Jahrg. 1897.)

Jagdstatistik. — Statistique concernant la chasse.

Manni, Chr., Jahresbericht für Graubünden pro 1874. Zürich, 1875. 2½ S. 8.
(Schweiz. Zeitschrift für das Forstwesen. Jahrg. 1875, S. 78.)

Chasse. La chasse dans les Grisons. Statistique tirée de la Neue Alpenpost. 20 Déc. Genève (Jullien), 1879. 2 p. in 8.
(Echo des Alpes, 15e année, p. 290 et 291.)

Jagdstatistik von Graubünden. Zürich, 1881. 2 S. 8.
(Schweiz. Jagd- u. Sportzeitung. Bd. I, S. 234, Jahrg. 1881.)

Graubünden, Jagdstatistik. Zürich, 1882. 2 S. 8.
(Schweiz. Zeitschrift für das Forstwesen. Jahrg. 1882, S. 114.)

— — Jahresbericht pro 1882. Zürich, 1883. 1½ S. 8.
(Schweizerische Zeitschrift für das Forstwesen. Jahrg. 1883, S. 52.)

Manni, Chr., Jagdstatistische Notizen aus Graubünden. Bern, 1883/84. 2 S. 4.
(Diana, Organ des schweiz. Jäger- und Wildschutzvereins. Bd I Nr. 10, S. 8, Jahrg. 1883/84.)

Graubünden. Jagdstatistik. Zürich, 1884. 2¼ S. 8.
(Schweizerische Zeitschrift für das Forstwesen. Jahrg. 1884, S. 41.)

Manni, Chr., Graubünden, Jagdstatistische Notizen. Zürich, 1885. 2 S. 8.
(Schw. Zeitschrift für das Forstwesen. Jahrg. 1885, S. 45.)

Jagdstatistisches und Jagdliches aus Graubünden. Bern, 1885/86. 2 S., ½ spaltig. 4.
(Diana, Bd. III, S. 88.)

— — und Jagdliches aus Graubünden. Bern, 1886/87. 2 S. 4.
(Diana, Organ des schweiz. Jäger- u. Wildschutz-Vereins, Bd. IV, S. 131.)

Manni, Chr., Jagdstatistisches und Jagdliches. Zürich, 1886. 5 S. 8.
(Schweiz. Zeitschrift für das Forstwesen. Jahrg. 1886, S. 122.)

G., Zu den Jagderlösen im Aargau. Genf, 1897. 4.
(Diana, Bd. XV, S. 133.)

M., Aus dem Aargau. Genf, 1897. 1 S. 4.
(Diana, Bd. XV, S. 16.)

Jagdvereine. — Sociétés de chasse.

Statuten des Jägervereins des Bezirks Hinweil. 17. Sept. 1876. 3 S. 8.
— — der Gesellschaft W. H. (Waidmannsheil). Luzern, 1878, 9. Febr. 4 S. 4. Lithograph.
Bericht über die Generalversammlung der Diana, 27. Januar 1884. Bern, 1883/4. 3 S. 8.
  (Diana, Bd. I, Nr. 12, S. 1—3.)
Jägerverein, Der schweiz. Jäger- und Wildschutzverein. Bern, 1883/4. 6 S., halbspaltig. 4.
  (Diana, Organ des schweiz. Jäger- u. Wildschutzvereins, Bd. I, Nr. 1 S. 2, Nr. 2 S. 1.)
Jägerversammlung, Allgemeine schweizerische, in Zürich — Dasselbe französisch: L'assemblée générale des chasseurs suisses à Zurich. Bern, 1883/4. 2 S. 4.
  (Diana, Bd. I, Nr. 4 S. 2/4.)
Société, La, suisse de chasseurs. Berne, 1883/4. 6 S. 4.
  (Diana, Organ des schweiz. Jäger- und Wildschutzvereins, Bd. I, Nr. 11 S. 2, Nr. 2 S. 1.)
Jagdschutzverein, Jahresbericht dritter, des zürcherischen. Zürich, 1886. 2 S. 4.
  (Centralblatt für Jagd- u. Hundeliebhaber, Bd. II, S. 56/57.)
— — IV. Jahresbericht des zürcherischen. Basel, 1887. 3 S. 4.
  (Centralblatt für Jagd- u. Hundeliebhaber, Bd. III, S. 56—59.)
— — des Kantons Zürich, Bericht über den, Basel, 1888. 1 S. 4.
  (Centralblatt für Jagd- u. Hundeliebhaber, Bd. VI, S. 78.)
Diana, Protokollauszug der Sitzung des Centralvorstandes vom 3. Juni 1888. Bern, 1888/9. 3 S. 4.
  (Diana, Bd. VI, S. 33—35.)
— — Protokollauszug der Generalversammlung vom 3. Februar 1889. Bern, 1888/9. 8 S. 4.
  (Diana, Bd. VI, S. 161—168.)
VI. Jahresbericht des zürcherischen Jagdschutzvereins von C. Bleuler-Hüni. St. Gallen, 1889. 3 S. 4.
  (Zentralblatt für Jagd- u. Hundeliebhaber, B. V, S. 144|45, 152|53.)
VII. Jahresbericht des zürcherischen Jagdschutzvereins vom Präsident C. Bleuler-Hüni. St. Gallen, 1890. 3 S. 4.
  (Zentralblatt für Jagd- u. Hundeliebhaber und Fischereiwesen, Bd. VI, S. 90/92.)
Die Gründung eines Jägervereins in Appenzell I. Rh. St. Gallen, 1891. 1 S. Fol.
  (Zentralblatt für Jagd- u. Hundeliebhaber und Fischerelwesen, Bd. VII, S. 36/37.)
VIII. Jahresbericht des Jagdschutzvereins Zürich (10. Mai 1891). St. Gallen, 1891. 2 S. Fol.
  (Zentralblatt für Jagd- u. Hundeliebhaber und Fischereiwesen, Bd. VII, S. 85.)
XI. Jahresbericht des zürcherischen Jagdschutzvereins. St. Gallen, 1892. 2 S. Fol.
  (Zentralblatt für Jagd- u. Hundeliebhaber u. Fischereiwesen, Bd. VIII S. 94—95.)
Jahresbericht des aargauischen Jagdvereins. St. Gallen, 1892. 2 S. Fol.
  (Zentralblatt für Jagd- u. Hundeliebhaber und Fischereiwesen, Bd. VIII, S. 94, 99/100.)
Bericht des Central-Comité des schweiz. Jäger- und Wildschutzvereins Diana für das Jahr 1892, deutsch und französisch. Genf, 1893/4. 15 S. 4.
  (Diana, Bd. XI, S. 39.)

Jagdvereine. Jagdgeschichtliches.
Sociétés de chasse. Histoire concernant la chasse.

Bericht des Central-Comité an die Generalversammlung der Diana vom 15. April 1894 in Neuenburg. Deutsch und französisch. Genf, 1894/5. 10 S. 4.
(Diana, Bd. XII, 97, 113.)

Privat, E., Assemblée générale de la Diana à Sierre les 23 et 24 mai 1897. — Generalversammlung der Diana in Siders vom 23. und 24. Mai 1897. Genève, 1897. 2 p. 4.
(Diana, vol. XV, p. 73.)

Vernet, H., Rapport présenté à l'assemblée générale de la société suisse de chasseurs Diana, le 23 mai 1897 à Sierre. — Jahresbericht des Diana-Vorstandes für die General-Versammlung vom 23. Mai 1897 in Siders. Genève, 1897. 2 p. 4.
(Diana, vol. XV, p. 78.)

Jagdgeschichtliches. — Histoire concernant la chasse.

Memoriale. den Wildtpan in der Landtgraffschaft Thurgow betreffend. 1509—1642.
(Handschrift im Archiv St. Urban.)

Abschied, das Haasen Schiessen betreffend, zu Baden im Ergow ausgegangen. 3. Juli 1568.
(Archiv St. Urban.)

Mandat und Urteil zu Baden im Ergow von wegen des Jagens und Schiessens der Haasen ausgegangen. 21. Juli 1577.
(Archiv St. Urban.)

Simler, J., Von dem Regiment der Eidgenossenschaft. Zürich, 1645. S. 338.
(Ueber Jagdprämien.)

Jagdbarkeit. einem gottshauss St. Urban zugehörig (Denkschrift). 1665. Latein. u. deutsch.
(Staatsarchiv Luzern).

Escher u. Usteri, Der schweizerische Republikaner. Verhandlungen der helvetischen Räte über das Jagdwesen. 1798. Bd. S. 287, 544—547, 555, 568, 590, 592.

(Grenus), Documents relatifs à l'histoire du pays de Vaud dès 1293 à 1750. Genève. déc. 1817 (Mauget et Cherbuliez). 8. Passim (voir table aux mots chasse et chasseur).
(Voir en particulier no. 241 et pages 416, 418 et 504—510. Traite de procès et contestatio.s sur le droit de chasse.)

— — Fragments historiques sur Genève avant la Réformation. Genève (Lador). Sept. 1823. 1 p. 18. in 8.
(Défense du 4 juillet 1428 de chasser dans les vignes.)

Spruch des Rathes von Bern im Streit zwischen Zürich und Grüningen wegen des Jagens. Bern, 1828.
(Schweiz. Geschichtsforscher. Bd. VII, S. 158—159.)

Olivier, J., Le Canton de Vaud. Sa vie. Son histoire. Lausanne, (Ducloux) 1837. 2 vol. p. 362—364. Livre II. VIII. Vol. I. in 8.

Wildbann, der, in der Landschaft Sisgau. Beiträge zur vaterländischen Geschichte. Basel, 1843.
(Bd. III, S. 382.)

Vogel, Fr., Die alten Chroniken oder Denkwürdigkeiten der Stadt und Landschaft Zürich. Die Jägerburg zu Wülflingen und Buch. Zürich, 1845. S. 835—836; 90. 8.

Burkhardt, L. A., Le rôle Fleckstein, das älteste geschriebene Rechtsbuch der Probstei Moûtier-Grandval. § 3—10 über Jagdwesen. Zürich. 1849.
(Archiv für schweiz. Geschichte. Bd. VI, S. 101—103.)

Jagdgeschichtliches. Jagdgesetzliches.
Histoire concernant la chasse. Articles concernant la législation sur la chasse.

Segesser, A. Ph. v., Jagd und Fischerei (im 14., 15. Jahrhundert) Luzern. 1852. 2 S. 8.
(Staats- und Rechtsgeschichte der Stadt und Republik Luzern, Bd. II, S. 309—310.)

Wattenwyl, Ed. v., Ueber das öffentliche Recht der Landschaft Kleinburgund vom 13. bis zum Ende des 15. Jahrhunderts. C. Wildbann, Hochflug, Fischenzen. Zürich, 1862.
(Archiv für schweiz. Geschichte. Bd. XIII, S. 96—98.)

Du Bois-Melly (Charles), Les mœurs genevoises de 1700 à 1760. Genève, 1875 (Jullien). 9 p.; ch. V. Les loups et les ours p. 197 à 205. in 12.

Estermann, W., Die Wälder (der Gemeinde Neudorf). *Jagd* u. Fischerei. Luzern, 1875. 26 u. 3 S. 8.
(Heimatkunde für den Kanton Luzern, Bd. III, p. 370—390, 403—405.)

Besson, La légende de Chasseral. Neuchâtel (Wolfrath et Metzner), 1877. 3 p., p. 145. in 4.
(Musée Neuchâtelois, 14 année.)

Dr. G., Chasse au XVIIme siècle. Neuchâtel (Wolfrath et Metzner), 1877. 1 p., p. 26. in 4.
(Musée Neuchâtelois, 14e année.)

Pourtalès, Chasse aux loups en 1809. Neuchâtel (Wolfrath et Metzner), 1876. 2 p. in 4.
(Musée Neuchâtelois, 13e année, p. 70..)

Jagdgeschichten, kleine. Zürich, 1881. 2 S. 8.
(Schweiz. Jagd- u. Sportzeitung, Bd. I, S. 257.)

De Stavay-Molondin, Chasse au XVIIe siècle. Neuchâtel (Société typographique), 1882. 2 p. in 4.
(Musée Neuchâtelois, 19e année, p. 107—8.)

Eynard, Ed., Aperçu historique sur la chasse. Berne, 1889/90. 20 p. 4.
(Diana, vol. VII, p. 57, 65, 73, 83, 89, 105, 113.)

Das alte Wolfgarn, von Hondrich, von Karl Risold. St. Gallen, 1892. 1 S. Fol.
(Zentralblatt für Jagd- u. Hundeliebhaber u. Fischereiwesen, Bd. VIII, S. 78.)

Liebenau, Th. v., Geschichte der Falknerei in der Schweiz. 1895. 90 S. 4.
(Manuscript im Besitze des Verfassers.)

Enderlin, F., Die Jagd in Graubünden. Chur, 1896. Fol.
(Manuscript im Besitz des Verfassers.)

Liebenau, Th. v., Zur Geschichte der Jagd im Entlebuch. Genf, 1896 u. 1897. 2 S. 4.
(Diana, Bd. XIV, S. 143 und Bd. XV, S. 6.)

Jagdgesetzliches.
Articles concernant la législation sur la chasse.

Jagdrecht des Klosters Einsiedeln. Behandelt Libertas Einsiedlensis. 1640. Seite 24—25. Documenta 113 ff. s. 215, 224.

Bericht des Finanzrates über das Jagdwesen im hiesigen Kanton, begleitet mit einem Vorschlag zur Verpachtung der Jagd. Vom 6. Februar 1816. 12 S. Fol.
(Handschrift im Staatsarchiv Luzern.)

22 Jagdgesetzliches. — Articles concernant la législation sur la chasse.

Projet de loi relatif à la chasse (Canton de Genève). (Rapports et discussions.) Genève (Cherbuliez), 1830. 60 p.
(Mémorial des séances du Conseil représentatif, vol. II, 2e année, p. 505 à 564.)

Jagd, Beilage zu dem Gesetzesentwurf betreffend das Jagdwesen. 25. Juni 1836. 2 S. 8.
(St. Gall. Staatsarch. Misc. E. 54.)

Projet de loi sur la police de chasse [Genève, 1837. Rapports et débats]. — 67 p.
(Mémorial des séances du Conseil représentatif, vol. I, 10e année, p. 41 à 56, 534—550, 567—579, 769—776, 800—821.)

Hochwildjagd. Gesetzes-Vorschlag betreffend die Ausübung der Hochwildjagd. (Entworfen vom Kleinen Rath im Oktober 1839.) St. Gallen, 1839. 4 S. 8.
(St. Gall. Staatsarch. Misc. E. 51.)

Projet de loi sur la chasse aux oiseaux. [Canton de Genève. — Rapports et discussion]. Genève (Cherbuliez). 1840/41. 10 p.
(Mémorial des Séances du Conseil représentatif. Vol. I et II, 13e année, p. 517—520, 651—662, 717—720.)

Curti, G., La caccia e le sue leggi sotto il rapporto a) dell'economia finanziaria, b) dell'economia rurale e forestale. Lugano, 1848. 16 p. 8.

Blumer, J. J., Ueber das Jagdwesen in den Kantonen Uri, Schwyz, Unterwalden, Glarus, Zug und Appenzell bis zum Jahre 1798. St. Gallen, I. Bd. 1850. II. Bd. 1856.
(Staats- und Rechtsgeschichte der schweiz. Demokratien. Bd. I, S. 66, 444—445. Bd. II, S. 1, 258, 304—308.)

Jagdgesetz, Das neue, des Kantons Bern. Biel, 1850. 3 S. 4.
(Schweizer Handels-Courier, VII. Jahrgang, Beil. zu Nr. 141.)

Jagdrecht, Das, in Bünden. Bern, 1853. 1 S. Fol.
(Bund, XIII. Jahrgang, Nr. 315.)

Jagd. Entwurf eines Gesetzes über das Jagdwesen. 8. Brachm. 1854. 5 S. 8.

— — Gesetzesvorschlag über die Jagd. Entworfen vom Kleinen Rath. am 25. August 1854. St. Gallen, 1854. 4 S. 8.
(St. Gall. Staatsarch. Misc. Nr. 51.)

Trouillet, J., Le droit de chasse de l'évêque de Bâle. Porrentruy, 1854.
(Monuments de l'histoire de l'ancien Evêché de Bâle. 2T., p. XXII—XXIV Tome I p. 167—168.)

Jagdwesen, Gesetzesentwurf betr. das, 28. März 1856. 8 S. 8.

— — Gesetzes-Entwurf über das, Vorschlag des Regierungsrathes, Luzern, 1856, 17. Mai. 7 S. 8.

Jagd. Gesetzesvorschlag über die Jagd. Entworfen von der Kommission des Grossen Rathes im Oktober 1856. St. Gallen, 1856. 8 S. 8.
(St. Gall. Staatsarchiv. Misc. Nr. 51.)

Segesser, A. Ph, v., Forst- und Jagdregal. Forstordnungen. Harzerordnungen. Luzern, 1857. 7 S. 8.
(Rechtsgeschichte der Stadt und Republik Luzern, Bd. III, 19 Buch, S. 61—69.)

Pétition relative à l'ouverture de la chasse. Genève (Blanchard), 1858. 9 p. 8.
(Mémorial des Séances du Grand Conseil (Genève) Tome II, p. 663—864, 1023—1029.)

Pfyffer, C., Jagd, Jagdregal. St. Gallen und Bern, 1858/59. 2 S. 8.
(Gemälde aus der Schweiz, Kanton Luzern, Bd. I, 187—188; II, 97—98.)

Jagdgesetzes, Projekt eines — für den Kanton Bern. Biel, 1859. 3½ S. 4.
(Schweizer Handels-Courier, Bd. VII. Beil. zu Nr. 198.)

Jagdgesetzgebung, Ueber die, im Kanton Bern. Bern. 1859. 1½ S. Fol.
(Oberländer Anzeiger, Bd. XIII, Nr. 36 u. 37).

Jagd. Gesetzesvorschlag, über die. Entworfen von der Kommission des Grossen Rathes, ergänzt am 20. November 1860. St. Gallen, 1860. 8 S. 8.
(St. Gall. Staatsarch. Misc. Nr. 51.)

Jagdwesen, Entwurf eines Gesetzes betreffend das. 19. August 1862. 7 S.

Projekt Jagdgesetz — Das — für den Kanton Bern. Biel, 1863. 1 S. Fol.
(Schweizer Handels-Courier, Bd. XI, Nr. 269.)

Droits inhérents au propriétaire (droit de chasse). Genève (Georg), 1865. 2 p. in 8.
(Bulletin de l'Institut National Genevois, Vol. XIII. § 2, no. 347, p. 161 à 162)

Jagdgesetz, luzernisches, Abänderungs- und Vervollständigungs-Vorlagen der Jäger-Versammlung des Kantons Luzern. Luzern, 1865. 3 S. 8.

Jagdregal, Das, und die aargauische Finanzdirektion. Aarau, 1867. 1 S. Fol.
(Der Schweizerbote, Nr. 183.)

Projet de loi portant modification aux lois sur la chasse. Genève (Soullier, Landskron, Wirth), 1867. in 8.
(Mémorial des Séances du Grand Conseil, Tome I, p. 120—133, 217—234, 374—383, 416—428.)

Gutachten der am 24. April in Luzern versammelten Jäger über die Revision des Jagdgesetzes. Luzern, 1868. 8 S. Fol. Lithographiert.

Hühnerjagd. Petition um Abänderung des Jagdgesetzes für die Hühnerjagd. St. Gallen, 1868. 20 S. Fol.
(Manuscr. St. Gall. Staatsarch. Band 179, Fasc. 1.)

Concordat betr. die Einführung gemeinschaftlicher offener Jagdzeit und zeitweisen, gemeinschaftlichen Jagdbannes auf Gemsen, Rehe, Hirsche und Murmelthiere zwischen den Kantonen Glarus, Schwyz, Graubünden und St. Gallen. 18. Februar 1868. 3 S. 8.

Gesetzes-Entwurf über das Jagdwesen. Vorschlag des Regierungsrathes. Luzern, 1869. 7 S. 8.

— — über das Jagdwesen. Laut erster Berathung vom 29. Wintermonat. Luzern, 1869. 7 S. 8.

Vorschläge, Zwei, an die Jagdliebhaber und Grundbesitzer des Kantons Zürich zur Anstrebung einer Abänderung der Jagdverordnungen von einigen Jagdfreunden. 1869. 18 S. 8.

Loi générale sur les contributions publiques, abrogeant les dispositions fiscales des lois antérieures sur la chasse et la pêche. Genève (Soullier et Wirth), 1870. in 8.
(Mémorial des Séances du Grand Conseil, Tome II, p. 853—859, 1217 à 1223, 1306.)

Kommissional-Vorschlag zur zweiten Berathung über das Jagdgesetz. (Luzern), 1870. März. 2 S. 8.

Gesuch von Jägern um Erlass eines neuen Jagdgesetzes, auf Revier- und Pachtsystem gegründet. St. Gallen, 1870. 6 S. Fol.
(Manuscr. St. Gall. Staatsarch. Rubr. 179, fasc. 1.)

Petition an den Kantonsrath des Staates Luzern betreff. das Jagdwesen. 1871. 1 S. Fol.

24 Jagdgesetzliches. — Articles concernant la législation sur la chasse.

Jagdgesetz, Das neue, Biel, 1872. 1 S. Fol.
    (Schweizer Handels-Courier, XXI. Jahrgang, Nr. 115.)
Protokoll der Conferenz betreffend gemeinsame Verbesserung der Jagd-Gesetzgebung vom 30. Januar und 18. September 1873. Nebst Gutachten über gemeinsame Ordnung der Jagdverhältnisse. 1873. 29 S. 8.
    (Staatsarchiv Basel.)
Gesetz über das Jagdwesen. Vorschlag des Justizdepartements (Dr. Segesser.) Luzern, 1876. 8 S. 8.
    (Handschrift im Staatsarchiv Luzern.)
— — über das Jagdwesen. Vorschlag des Regierungsrathes. Luzern, 1876. 11 S. 8.
Vollziehungsbeschluss zum Gesetz über Jagd- und Vogelschutz. Entwurf von A. Hunkeler. (Luzern) 1876. 2 S. 8.
Gesetzesentwurf betr. den Schutz der nützlichen Wildthiere, sowie des Eigenthums vor Wild- und Jagdschaden. 15. Sept. 1877. 31 S. 8.
Jagdpatentgebühren. Gesetzesentwurf über Erhöhung. I. Berathung. Bern, 1877. 15½ S., 253—268. Fol.
    (Tagblatt des Grossen Rathes.)
Jagdgesetzes. Gesetzesentwurf betreffend Abänderung des bernischen. Bern, 1878. 6 S., 66—71. Fol.
    (Tagblatt des Grossen Rathes.)
Gesetzesentwürfe des Kantons Zürich betr. Jagd und Vogelschutz.
    (Amtsblatt des Kantons Zürich. 1878 S. 281 u. 1973. 1879 S. 401. 1881 S. 37.)
Botschaft des Regierungsrathes an den hohen Grossen Rath betreffend Abänderung des Jagdgesetzes. Luzern, 1881, 16. Septbr. 7 S. 8.
Labhart-Labhart, Die Jägerordnungen des alten Zürich bis 1798. Zürich, 1881. 37 S. 8.
    (Schweiz. Jagd- u. Sportzeitung, Bd. I.)
Verbot der Frühlingsjagd. Zürich, 1881. 3 S. 8.
    (Schweiz. Jagd- u. Sportzeitung, Bd. I, S. 145.)
Zürich, Entwurf eines Gesetzes betreffend Jagd- und Vogelschutz. Zürich, 1881. 4 S. 8.
    (Schweiz. Jagd- u. Sportzeitung, Bd. I, S. 206.)
Etlin, Gesetze und Verordnungen über die Jagd im Kanton Obwalden. Sarnen, 1883. 4.
    (Manuskript im Besitz des Verfassers.)
Carnassiers. Les, devant la loi fédérale. Berne, 1883/84. 3 p. 4.
    (Diana, Organ des schweiz. Jäger- u. Wildschutzvereins. Bd. I Nr. 1 S. 6 und Nr. 2 S. 3.)
Eynard, E., A qui la faute? Article 12 de la loi fédérale sur la chasse. Berne, 1883/84. 2 S. 4.
    (Diana, Bd. I, Nr. 10, S. 1.)
Gesuch an den hohen schweizerischen Bundesrat zu Gunsten der Winter- und Frühlingsjagd auf Zugvögel und die Antwort der Bundeskanzlei auf dasselbe. Bern, 1883/84. 2 S. 4.
    (Diana, Bd. I, Nr. 11, S. 2—4.)
Jagdgesetz. Zur Kritik des eidgen. Jagdgesetzes. Bern, 1883/84. 6 S. 4.
    (Diana, Bd. I, Nr. 3 S. 1, Nr. 8 S. 4.)
Der Fuchs und das Jagdgesetz. Bern, 1884/85. 5 S. 4.
    (Diana, Bd. II, Nr. 1 S. 4—6. Nr. 3 S. 21—23. Nr. 4 S. 29—31.)
Jagd. Gesuch um Gewährung der ganzen Jagdzeit. St. Gallen, 1884. 3 S. 4.
    (St. Gall. Staatsarch. Rubr. 179, Beilage.)

V9c

Handhabung, (Risold, Ed.), Zur, der eidgenössischen und kantonalen Jagdgesetze im Kanton Tessin. Zürich, 1885. 4 S. 4.
(Schweizerische Blätter für Ornithologie, Bd. IX, S. 246, 255 und 267.)

Eingabe des Vorstandes des Jägervereins «Waidmannsheil» in Luzern betreffend Einführung des Pachtsystems. Luzern, 1887, 15. Februar. 2 S. 4.

Projet de loi abrogeant les lois cantonales sur la chasse des 29 déc. 1837, 11 janv. 1841, 22 déc. 1858, 9 janv. 1867 et 18 juin 1870. Genève (Impr. Centrale), 1887. 7 p. in 8.
(Mémorial des séances du Grand Conseil. Tome I, p. 230—239, 350—351, 379.)

Genève et la loi fédérale. Berne, 1888/89. 3 p. 4.
(Diana, Vol. VI, p. 45—48.)

Begnadigungsrecht im Jagdwesen. St. Gallen, 1889. 2 S. 4.
(Zentralblatt für Jagd- und Hundeliebhaber, Bd. 5, S. 22/23.)

Jagdgesetz. Zur Revision des eidg. Jagdgesetzes. St. Gallen. 1889. 1 S. 4.
(Zentralblatt für Jagd- und Hundeliebhaber, Bd. V, S. 131.)

Verbot, Das, des Giftlegens im eidgenössischen Jagdgesetz. St. Gallen, 1889. 2 S. 4.
(Zentralblatt für Jagd und Hundeliebhaber, Bd. V, S. 30/32.)

Heusler, A., Rechtsquellen des Kantons Wallis. Basel, 1890. 8.
(Jagdrecht S. 46, 144—145, 51, 59.)

Jagdgesetz, Bemerkungen zu dem Entwurf zu einem neuen zürcherischen, St. Gallen, 1890. 2 S. 4.
(Zentralblatt für Jagd- und Hundeliebhaber und Fischereiwesen, Bd. VI, S. 247/48.)

Jagdgesetz, Ein neues, St. Gallen, 1890. 2 S. 4.
(Zentralblatt für Jagd- und Hundeliebhaber und Fischereiwesen, Bd. VI, S. 234/36.)

Baldinger, E., Zur Revision des eidgen. Jagdgesetzes. Bern, 1891/92. 4 S. 4.
(Diana, Bd. IX, S. 56.)

Bundesgesetz über Jagd und Vogelschutz. 1891. 70 S. 4.
(Amtl. stenographisches Bulletin der schweiz. Bundesversammlung, Bd. I, S. 363, 443. I. Jahrgang.)

— — Das neue, über Jagd- und Vogelschutz. St. Gallen, 1891. 1 S Fol.
(Zentralblatt für Jagd- und Hundeliebhaber und Fischereiwesen, Bd. VII, S. 59.)

Jagdgesetz, Das neue eidgenössische, Bern, 1891/92. 3 S. 4.
(Diana, Bd. IX, S. 53.)

Revision, Zur, des Jagdgesetzes. Davos, 1891. 4 S. 8.
(Der praktische Forstwirth, Bd. XXVI, S. 89.)

Jagdgesetzentwurf, Der neue, vor dem Ständerath. St. Gallen, 1891 u. 1892. 3 S. Fol.
(Zentralblatt für Jagd- und Hundeliebhaber und Fischereiwesen, Bd. VII, S. 209/210; Bd. VIII S. 3/4.)

Ist die Regelung des Jagdbetriebes Sache des Volkes oder nur einer Anzahl Jäger? St. Gallen, 1891. 1 S. Fol.
(Zentralblatt für Jagd- und Hundeliebhaber und Fischereiwesen, Bd. VII, S. 122.)

Loi sur la chasse. La révision de la loi fédérale sur la chasse au Conseil des Etats. Berne, 1891/92. 4 S. 4.
(Diana, vol. IX, p. 89.)

Revision, Zur, des eidgen. Jagdgesetzes. St. Gallen, 1891. 6 S. Fol.
(Zentralblatt für Jagd- und Hundeliebhaber und Fischereiwesen, Bd. VII, S. 145, 175, 185, 193, 201, 209.)

Jagdgesetzliches. Biographien.
Articles concernant la législation sur la chasse. Biographies.

Beschlussnahme des Bundesrathes in Sachen eines Rekurses betreffend Laufenlassen jagender Hunde. St. Gallen. 1892. 1 S. Fol.
(Zentralblatt für Jagd- und Hundeliebhaber und Fischereiwesen, Bd. VIII, S. 75.)

Bühlmann, F., Zum Entwurf eines neuen Jagdgesetzes für den Kanton Bern. Bern. 1892. 26 S. 8.
(Auch Diana, Bd. X, S. 72, 84.)

Jagdgesetz, Das, vor dem Nationalrath. St. Gallen. 1892. 1 S. Fol.
(Zentralblatt für Jagd- und Hundeliebhaber und Fischereiwesen, Bd. VIII, S. 18.)

Katzen, Die, vor dem Ständerath. St. Gallen. 1892. 1 S. Fol.
(Zentralblatt für Jagd- und Hundeliebhaber und Fischereiwesen, Bd. VIII, S. 20.)

Jagdgesetz, ein neues, für Bünden. St. Gallen, 1893. 4 S. 4.
(Zentralblatt für Jagd- und Hundeliebhaber, Bd. IX, S. 351, 369.)

Revision, Zur, des Jagdgesetzes. Genf, 1893/94. 2 S. 4.
(Diana, Bd. XI, S. 172.)

v. Salis, L. R., Schweizerisches Bundesrecht. Jagd und Vogelschutz. Bern. 1893. 26 S. 8.
(Schweiz. Bundesrecht, Bd. IV, S. 134.)

Demay, E., Recueil des lois sur la chasse en Europe. Paris (Firmin-Didot), 1894. in 8.
(La Suisse, p. 735 à 796.)

Revision, Zur, des eidg. Jagdgesetzes. Genf, 1895/96. 5 S. 4.
(Diana, Bd. XIII, S. 2, 13.)

Jagdgesetz, das neue, des Kantons St. Gallen. Genf, 1895/96. 7 S. 4.
(Diana, Bd. XIII, S. 268, 284; XIV, S. 4 und 19.)

Enderlin, Fl., Die Jagd in Graubünden. Chur, 1896. Bd. I, 92 S. Fol.
(Manuskript im Besitz des Verfassers. Beilagen Copien älterer Jagdgesetze und Verordnungen.)

Vernet, H., Coup d'œil sur les législations concernant la chasse en Suisse, depuis l'an 500 jusqu'à nos jours. Genève. 20 p. 12.
(Catalogue illustré Chasse et Pêche. Exposition Nationale Suisse, p. 13.)

— — Enuméré des différentes lois anciennes et modernes qui figurent à l'Exposition et qui concernent les cantons de Lucerne, Neuchâtel, Soleure, Glaris, Berne et Fribourg. Genève. 10 p. 12.
(Catalogue illustré Chasse et Pêche. Exposition Nationale Suisse 1896. p. 31.)

Meyer, H., Forderungen aus Wildschaden nach deutschem Recht, unter Berücksichtigung der schweizerischen Verhältnisse. Luzern, 1897. 136 S. 8.

Hurter, Hans Waldmanns Mandat über Jagd.
(Jahrbuch für Schweiz. Geschichte. Bd. V, S. 268, 276—278.)

Heusler, A., Jagdgesetze des Kantons Tessin. Basel, 1892—95.
(Rechtsquellen des Kantons Tessin. I. Heft 1892, S. 72. II. Heft 1893, S. 186. III. Heft 1894, S. 12—13. IV. Heft 1895, S. 10.)

Liebenau, Th. v., Sammlung der Gesetze und Verordnungen über das Jagdwesen, welche für das Gebiet von Luzern seit dem Jahre 500 Gültigkeit hatten.
(Manuskript im Besitz des Verfassers.)

Reviersystem und eidg. Jagdgesetz. 9 S. 8.

Biographien. — Biographies.

Chamois. Matthias Hungard. — Chasseur de chamois. Genève (P. A. Bonnant), 1839. 2 p. in 12.
(Nouveau Messager Suisse pour l'année 1839, p. 59 et 60.)

Chamois, Matthias Hungard. — Fin d'un fameux chasseur de chamois. (Zwikki de Glaris). Genève (P. A. Bonnaut), 1846. 1 p. in 12.
(Nouveau Messager suisse pour l'année 1846, p. 41.)

Binet-Hentsch. M., Les Alpes de la Haute-Engadine [Histoire de Jean-Marie Colani]. (2e Article). Genève et Lausanne, 1859. 6 p. in 8.
(Bibliothèque universelle. Revue Suisse et Etrangère. Nouvelle Période, 44 année, vol. V. p. 45—50.)

— — J. L., Jacob Küng, le chasseur d'ours. Histoire engadinoise. Genève (Jullien), 1872. 17 p. in 8.
(Echo des Alpes, 8e année, p. 32—48.)

Favre, L., Le Robinson de la Tène. Neuchâtel, 1875. in 12.
(Bibliothèque universelle et Revue suisse.)

Girtanner, A., Drei rhätische Jägergestalten aus guter Zeit. Bern, 1892/93 und 1893/94. 32 S. 4.
(Diana; Bd. X, S. 129 und 8; XI, S. 2 und 14. Auch in Separatabzug.)

Verschiedenes. — Divers.

Ammon, J., Venatus et Aucupium. Iconibus art. liciasis 1582. 72 Blätter mit 40 Holzschnitten.
(Vergl. hierüber Becker: Probst Ammann, Leipzig, 1854. S. 87—88, 113, 188—189.)

— — Künstliche, wolgerissene New Figuren von allerley Jagd- und Weidtwerk. Frankfurt a. M., 1592. Bd. VI. 39 Bl. 4.
(Stadtbibliothek Bern.)

[Ruchat et Stanian] Etat ou les délices de la Suisse, ou description Helvétique, historique ou géographique. Basle (Tourneisen), 1764. 4 vol. in 12.
(Animaux des Alpes, Vol. I, partie I, chp. IV, p. 49 à 58.)

Gaudy, A., Le chasseur des Ormonts (en vers) Genève, 31 Août 1829. Lausanne (Dépôt bibliographique), 1829. 4 p. in 12.
(Le Conservateur Suisse ou Recueil complet des Etrennes Helvétiennes, Vol. XLI à XLIII pr. l'Edition 1823, Tome XI pr. l'Edition de 1829, p. 440 à 444.)

Chasse Périlleuse. Genève (P. A. Bonnant), 1834. 2 p. in 12.
(Nouveau Messager Suisse pour l'année 1834, p. 43—44.)

Rohrdorf, Casp., Der Schweizer-Jäger oder vollständige Anleitung wann, wo und wie der Jäger die in der Schweiz sich befindenden jagdbaren vierfüssigen Thiere und Vögel auffinden, sie jagen und fangen kann. Glarus, 1835. 175 S. 8. 2 Kupfertafeln.
(Vaterl. Bibl. Basel. Stadtbibl. Zürich.)

Favre, L., Combat entre des putois et une couleuvre. Neuchâtel (Wolfrath et Metzner), 1858. 2 p. in 8.
(Bulletin de la Société des Sciences naturelles de Neuchâtel, p. 310 à 312.)

Weissenhorst. Der erfahrene Waidmann auf der Niederjagd. Frauenfeld, 1858. 199 S. 8.

Wildschaden, im Kanton Aargau. Lenzburg. 1858. 3½ S. 8.
(Schweiz. Forstjournal, IX. Jahrgang.)

Olivier, U., Causerie d'un chasseur, 10 Janvier 1860. Lausanne, 1860. 29 p. in 8.
(Bibliothèque Universelle. Nouvelle Période, 45e année. Vol. VII, p. 254—282.)

Favre, L., Le chasseur de fouines de Pouillerel. Neuchâtel (Marolf), 1865. 14 p. in 4.
(Le Musée Neuchâtelois. Recueil d'Histoire Nationale et d'Archéologie, 2e année, p. 29—32 et 55—64.)

Favre, Huit jours dans la neige. Souvenirs du Jura Neuchâtelois. Neuchâtel (Marolf), 1865, 1866 et 1867. 76 p. in 4.
(Musée Neuchâtelois. Année 2, 3 et 4.)

Olivier, U., Matinées d'automne. Nouveaux récits de chasse et d'histoire naturelle. Lausanne (Bridel), 1866. 2e Édition. 320 p. in 12.
(1re Edition 1859.)

Rambert, Eug., Deux jours de chasse sur les Alpes Vaudoises. Lausanne, 1866. 45 p. in 8.
(Bibliothèque Universelle et Revue Suisse, 71e année. Vol. 25, p. 5—49.)

Berlepsch, Les Alpes. — Traduit de l'allemand. Bâle et Genève, 1868. (16 p.). in 8.
(Récits de chasse, p. 407—422.)

Favre, L., Jean des Paniers. Neuchâtel (Wolfrath et Metzner), 1868 et 1869. 129 p. in 4.
(Musée Neuchâtelois, 5e et 6e année.)

Rambert, Eug., C'est le Renard, Histoire de chasse. Lausanne, 1873. 24 p. in 8.
(Bibliothèque universelle et Revue Suisse, 78e année. Vol. 46, p. 5—28.)

Favre, L., Nouvelles Jurassiennes. Neuchâtel (Delachaux), 1870. VI et 366 p. in 12.
(2e édition en 1874.)

R. de B., Chronique Section Monte Rosa (Loup Cervier à Nax). Genève (Jullien), 1878. 1 p. in 8.
(Echo des Alpes, 14e année, p. 58.)

Vogt, C., (Traduit pr. Alb. Petitpierre). L'Engstlen-Alp. (Dégâts causés par les écureuils). Genève (Jullien), 1878. 1 p. in 8.
(Echo des Alpes, 14e année, p. 143.)

Coulon, L., Capture d'un chat sauvage à Voëns. Neuchâtel (Wolfrath et Metzner), 1879. 1 p. in 8.
(Bulletin de la société des sciences naturelles de Neuchâtel, vol. 11, p. 431.)

Scherrer, G., Fecht- und Jagdbuch des Hugo Wittenwiler von 1470.
(Kleine Toggenburger Chroniken St. Gallen 1879. S. 97—111.)

Special-Catalog der Gruppen 27, 28 und 42, Forstwirtschaft, Jagd und Fischerei, Schweiz. Alpenclub der schweiz. Landesausstellung in Zürich 1883. Zürich, 1883. 10 S. 8.

Landolt, El., Schweiz. Landesausstellung in Zürich 1883. Bericht über Gruppe 28, Jagd und Fischerei. Zürich, 1884. 16 S. 8.

Claparède de, Al., Zur Frage der Verfolgung der den schweiz. Fischereien schädlichen Thiere. Bern, 1885. 54 S. 8.

Tschumi, Ad., Ascensions autour d'Arolla. (Accident arrivé à Arolla à un chasseur d'Evolène. Genève (Jullien), 1886. 1 p. in 8.
(Echo des Alpes, publication des Sections romandes du Club Alpin Suisse, 22e année, p. 27.)

de la Harpe, Eug., (Accident arrivé à un chasseur. — Glacier d'Orny) Le Massif du Trient. Genève (Jullien), 1887. 1 p. in 8.
(Echo des Alpes, 23e année, p. 110. note.)

Scheuchzer, F., Der Fischotterjäger. Bülach, 1888. 1 u. 63 S. 8.

Jagdwesen. Auf welcher Seite liegt die Unbill? St. Gallen, 1889. 2. S. 4.
(Zentralblatt für Jagd- und Hundeliebhaber, Bd. V, S. 47/48.)

Im Wald und auf der Haide. St. Gallen, 1890. 4 S. 4.
(Zentralblatt für Jagd- und Hundeliebhaber und Fischereiwesen, Bd. VI, S. 181/4 u. 194/5.)

Festsetzung, Die, der Jagdzeiten. St. Gallen, 1891. 1 S. Fol.
(Zentralblatt für Jagd- und Hundeliebhaber und Fischereiwesen, Bd. VII, S. 136/7.)

Jagdzeit, sechs Wochen. St. Gallen, 1891. 1 S. Fol.
    (Zentralblatt für Jagd- und Hundeliebhaber und Fischereiwesen, Bd. VII, S. 150.)

Keller, C., Alpenthiere im Wechsel der Zeit. Leipzig, 1892. 48 S. 8.

Antwort auf eine Frage von H. Fl. St. Gallen, 1892. 1 S. Fol.
    (Zentralblatt für Jagd- und Hundeliebhaber und Fischereiwesen, Bd. VIII, S. 27.)

Fischer-Sigwart, Jagdliches und Biologisches über schweiz. Haarwildarten. Bern, 1892/93. 12 S. 4.
    (Diana, vol. X, S. 52, 63, 77, 88, 100.)

Wildkonsum, Der, in Zürich (Th. P.) St. Gallen, 1893. 2 S. 4.
    (Zentralblatt für Jagd und Hundeliebhaber, Bd. IX, S. 311.)

G. G., Chronique Section du Moléson (Mort de 2 chasseurs de Chamois). Genève (Jullien), 1894. 1 p.
    (L'Echo des Alpes, 31e année, p. 56.)

Neukomm, Fr., Vertilgung der Fischräuber. Genf, 1894. 5 S. 4.
    (Diana. Bd. XII, S. 202, 205, 217, 229.)

Küchler, Ant., Jagd. Sarnen, 1895. 6 S. 16.
    (Chronik von Sarnen, S. 390—396, mit Beil.)

Olivier, U., Récits de chasse et d'Histoire naturelle. Lausanne (Roux), 2e Edition. in 12.

Borel, Ch., Chasse et Pêche. Genève, 1896. 2 p. Gr. fol.
    (Journal officiel illustré de l'Exposition Nationale Suisse, p. 359.)

Catalogue illustré Chasse et Pêche. Exposition nationale suisse. Genève, 1896. VI et 172 p. 12.

Jagd, Die, an der Genfer Landesausstellung. Genève, 1896. 6 S. 4.
    (Diana, Bd. XIV, S. 62, 73, 101.)

Luck, Georg, Die Jagdausstellung. Genève, 1896. 1 S. Gr. Fol.
    (Journal officiel illustré de l'Exposition nationale suisse, p. 279.)

Privat, E., Le pavillon de chasse et pêche. Genève, 1896. 1 p. Gr. fol
    (Journal officiel illustré de l'Exposition nationale suisse, p. 282.)

Vernet, H., De quelques repeuplements en Suisse. Genève. 19 p. 12
    (Catalogue Illustré, Chasse et Pêche. Exposition Nationale Suisse, p. 57.)

Fatio, V., Le tir de chasse raisonné. Genève, 1897. 6 p. 4.
    (Diana, vol. XV, p. 26, 38.)

Girtanner, A., Der Wildpark St. Peter und Paul bei St. Gallen. St. Gallen, 1997/98. 10 S. 8.
    (Wildparkkommission.)

Rameau de Sapin. Organe du Club jurassien. Neuchâtel, 1866—1899. In dieser monatlichen Zeitschrift finden sich zahlreiche Artikel und Notizen über Jagd und Fischerei im Jura.
    (Ce périodique contient de nombreux articles et des notices concernant la chasse dans le Jura.)

Anhang. — Appendice.

Jagdgesetzgebung. — Législation.

a) Gesetzgebung des Bundes. — a) De la Confédération.

Jagdverbot des Vollziehungs-Direktoriums der einen und unteilbaren helvetischen Republik. 9. Mai 1798 gedr. Fol.

***Bundesgesetz** über Jagd und Vogelschutz, vom 17. September 1875. Bern. 8 S, 8.
(Amtliche Sammlung der Bundesgesetze und Verordnungen der schweiz. Eidgenossenschaft neue Folge, II. Bd., S. 39. Recueil officiel, nouvelle série, Vol. II, p. 23. Raccolta officiale, n. S Vol II, p. 39.)

*****Vollziehungsverordnung** über das Jagdgesetz. Vom 12. April 1876. Bern. 2 S. 8.
(Amtliche Sammlung, neue Folge, II. Bd., S. 156. Recueil officiel, nouvelle série, Vol II, p. 126. Raccolta officiale, n. S. Vol. II, p. 153.)

Verordnung des Bundesrates über die Bannbezirke für die Hochwildjagd. Vom 4. Augstmonat 1876. Bern. 8 S. 8.
(Amtliche Sammlung, neue Folge, II. Bd., S. 385. Recueil officiel, nouvelle série, Vol II, p. 330. Raccolta officiale, n. S. Vol. II, p. 382.)

Bundesratsbeschluss betreffend Abänderung der Verordnung vom 4. Augstmonat 1876 über die Bannbezirke für die Hochwildjagd. Vom 2. Weinmonat 1877. Bern. 3 S. 8.
(Amtliche Sammlung, neue Folge, III. Bd., S. 207. Recueil officiel, nouvelle série, Vol. III, p. 193. Raccolta officiale, n. S. Vol. III, p. 207.)

*****Bundesbeschluss** betreffend die Beteiligung des Bundes an den Kosten der Kantone für Ueberwachung der Bannbezirke für die Hochwildjagd. Vom 28. Brachmonat 1878. Bern. 2 S. 8.
(Amtliche Sammlung, neue Folge, III. Bd. S. 576. Recueil officiel, nouvelle série. Vol. III, p. 543. Raccolta officiale, n. S. Vol. III, p. 577.)

*****Verordnung** betreffend die Beitragsleistung des Bundes an die Kosten der Kantone für Ueberwachung der Bannbezirke für die Hochwildjagd. Vom 11. März 1879. Bern. 3 S. 8.
(Amtliche Sammlung, neue Folge, IV. Bd., S. 38. Recueil officiel, nouvelle série, Vol. IV, p. 37. Raccolta officiale, n. S., Vol IV, p. 38.)

***** — — betreffend Einfuhr und Verkauf von ausländischem Wildpret während der geschlossenen Jagdzeit. Vom 11. März 1879. Bern. 2 S. 8.
(Amtliche Sammlung, neue Folge, IV. Bd., S. 41. Recueil officiel, nouvelle série, Vol. IV. p. 40. Raccolta officiale, n. S., Vol IV, p. 41.)

— — des Bundesrates über die Bannbezirke für die Hochwildjagd. Vom 2. Augstmonat 1881. Bern. 11 S. 8.
(Amtliche Sammlung, neue Folge, V. Bd., S. 486. Recueil officiel, nouvelle série, Vol. V, p. 451. Raccolta officiale, n. S., Vol. V, p. 486.)

— — über die Jagd auf Sumpf- und Wasservögel im Bannbezirk Bernina für die Hochwildjagd. Vom 26. Wintermonat 1881. Bern. 5 S. 8.
(Amtliche Sammlung, neue Folge, V. Bd., S. 862. Recueil officiel, nouvelle série, Vol. V, p. 813. Raccolta officiale. n. S., Vol. V, p. 855.)

Zeichenerklärung : Die mit einem * bezeichneten Gesetze, Verordnungen etc. bestanden Ende 1897 noch in Kraft.

NB. Les lois, ordonnances etc., marquées d'un astérisque, étaient encore en vigueur fin 1897.

Bundesratsbeschluss betreffend den Jagd-Bannbezirk im Kanton Waadt. Vom 29. August 1882. Bern. 2 S. 8.
(Amtliche Sammlung, neue Folge, VI. Bd., S. 414. Recueil officiel, nouvelle série, Vol. VI, p. 378. Raccolta officiale, n. S., Vol. VI, p. 414.)

— — betreffend teilweise Abänderung der Verordnung über die Bannbezirke für die Hochwildjagd. Vom 16. Januar 1883. Bern. 1 S. 8.
(Amtliche Sammlung, neue Folge, VII. Bd., S. 5. Recueil officiel, nouvelle série, Vol. VII, p. 5. Raccolta officiale, n. S., Vol. VII, p. 5.)

***Uebereinkunft** zwischen der Schweiz und Frankreich zur Bekämpfung des Jagdfrevels in den Grenzwaldungen, als Anhang zur Uebereinkunft vom 23. Februar 1882, betreffend die grenznachbarlichen Verhältnisse und die Beaufsichtigung der Grenzwaldungen. Vom 31. Oktober 1884. Bern. 8 S. 8.
(Amtliche Sammlung, neue Folge, VIII. Bd., S. 183. Recueil officiel, nouvelle série, Vol. VIII, p. 179. Raccolta officiale, n. S., Vol. VIII, p. 183.)

***Bundesbeschluss** betreffend die Uebereinkunft mit Frankreich zur Unterdrückung des Jagdfrevels an der schweizerisch-französischen Grenze, als Anhang zur Uebereinkunft vom 23. Februar 1882, betreffend die grenznachbarlichen Verhältnisse und die Beaufsichtigung der Grenzwaldungen. Vom 18. Dezember 1884. Bern. 1 S. 8.
(Amtliche Sammlung, neue Folge, VIII. Bd., S. 182. Recueil officiel, nouvelle série, Vol. VIII, p. 178. Raccolta officiale, n. S., Vol. VIII, p. 183.)

*— — über ein Gesuch von tessinischen Gemeinden und Jägern, betreffend die Aufhebung des Bundesgesetzes über Jagd und Vogelschutz, vom 17. September 1875, für den Kanton Tessin. Vom 19. Juni 1886. Bern. 2 S. 8.
(Amtliche Sammlung, neue Folge, IX. Bd., S. 50. Recueil officiel, nouvelle série, Vol. IX, p. 48. Raccolta officiale, n. S., Vol. IX, p. 50.)

Verordnung des Bundesrates über die Bannbezirke für die Hochwildjagd. Vom 16. Juli 1886. Bern. 15 S. 8.
(Amtliche Sammlung, neue Folge, IX. Bd., S. 77. Recueil officiel, nouvelle série, Vol. IX, p. 76. Raccolta officiale, n. S., Vol. IX, p. 77.)

— — des Bundesrates über die Bannbezirke für die Hochwildjagd. Vom 4. Mai 1888. Bern. 3 S. 8.
(Amtliche Sammlung, neue Folge, X. Bd., S. 589. Recueil officiel, nouvelle série, Vol. X, p. 585. Raccolta officiale, n. S., Vol. X, p. 589.)

Bundesratsbeschluss betreffend Errichtung des Jagdbannbezirkes Mont Moron im Jura. Vom 11. Juni 1888. Bern. 2 S. 8.
(Amtliche Sammlung, neue Folge, X. Bd., S. 626. Recueil officiel, nouvelle série, Vol. X, p. 671. Raccolta officiale, n. S., Vol. V, p. 626.)

— — betreffend Aufhebung des Wildasyls Erzhorn. Vom 10. Dezember 1888. Bern. 1 S. 8.
(Amtliche Sammlung, neue Folge, X. Bd., S. 809. Recueil officiel, nouvelle série, Vol. X, p. 727. Raccolta officiale, n. S., Vol. X, p. 809.)

Verordnung des Bundesrates über die Bannbezirke für das Hochwild. Vom 11. August 1891. Bern. 14 S. 8.
(Amtliche Sammlung, neue Folge, XII. Bd., S. 167. Recueil officiel, nouvelle série, Vol. XII, p. 154. Raccolta officiale, n. S., Vol. XII, p. 167.)

Bundesratsbeschluss betreffend teilweise Abänderung der Verordnung vom 11. August 1891 über die Bannbezirke für das Hochwild. Vom 8. September 1891. Bern. 2 S. 8.
(Amtliche Sammlung, neue Folge, XII. Bd., S. 303. Recueil officiel, nouvelle série, Vol. XII, p. 286. Raccolta officiale, n. S., Vol. XII, p. 303.)

— — betreffend teilweise Abänderung der Verordnung vom 11. August 1891 über die Bannbezirke für das Hochwild und Aufhebung eines sachbezüglichen Bundesratsbeschlusses vom 8. September 1891. Vom 5. August 1892. Bern. 3 S. 8.
(Amtliche Sammlung, neue Folge, XII. Bd., S. 1001. Recueil officiel, nouvelle série, Vol. XII, p. 936. Raccolta officiale, n. S., Vol. XII, p. 1001.)

*Verordnung des Bundesrates über die Bannbezirke für das Hochgebirgswild. Vom 14. August 1896. Bern. 13 S. 8.
<small>(Amtliche Sammlung, neue Folge, XV. Bd., S. 502. Recueil officiel, nouvelle série, Vol. XV, p. 508. Raccolta officiale, n. S., Vol. XV, p. 516.)</small>

b) Gesetzgebung der Kantone. — Législation des cantons.

Zürich.

Polizei-Ordnung betreffend die Jagd auf nützliche Vögel, bezw. deren Verbot. Vom Jahr 1335.
<small>(Aeltestes Stadtbuch Zürich. Abgedruckt in Kopp. J. E. Geschichtsblätter aus der Schweiz 1856. Bd. II, S. 45.)</small>

Rathserkanntnuss betreffend den Wildbann in der Herrschaft Grüningen, Kyburg, Greifensee und Regensburg. 1424. 4.
<small>(Drittes Stadtbuch a. Nr. 75.)</small>

— — Jagen ist erlaubt von St. Johanustag im Sommer bis zu Fassnacht, ohne die grossen wilden Thier. 10. Nov. 1425. Fol.
<small>(Fünftes Stadtbuch a. Nr. 47.)</small>

— — Dass niemand in allen gerichten M. Gned. Herren in den nächsten 5 Jahren kein Rebhuhn fangen soll. 9. März 1435. Fol.
<small>(Fünftes Stadtbuch a. Nr. 47.)</small>

— — Dass niemand in allen M. Gned. Herren Gerichten in den nächsten drei Jahren keinen Fuchs fangen soll. 9. März 1435. Fol.
<small>(Fünftes Stadtbuch a. Nr. 47.)</small>

Jagd-Ordnung in Zürich. 1677. Fol.
<small>(Stadtbuch Zürich.)</small>

5 Jägerprotokolle. 1714—1781. Fol.
<small>(Manuskript.)</small>

Jäger-Ordnung, Verneuerte. 14. August 1726. 7 S. Quart.
<small>(Canzley der Stadt Zürich.)</small>

— — Erneuerte, vom 19. August 1752. Zürich. 1757. 8 S. 8.
<small>(Sammlung der Bürgerlichen und Polizey-Gesetze und Ordnungen Löbl. Stadt und Landschaft Zürich. Bd. III, S. 92.)</small>

Rathserkanntniss betr. Schonung der Felder. 28. Juni 1785. 1 S. 4.
<small>(Canzley der Stadt Zürich.)</small>

— — betr. Restrictionen zur Vermeidung des Ruins der Jagd. 4. Mai 1790. 2 S. 4.
<small>(Canzley der Stadt Zürich.)</small>

Verordnung, Neue, wegen des Jagens vom 4. Merz 1790. Zürich, 1793. 2 S. 8.
<small>(Sammlung der Bürgerlichen und Polizey-Gesetze und Ordnungen lobl. Stadt und Landschaft Zürich. Bd. VI, S. 192.)</small>

— — der zürch. Verwaltungskammer betr. die Schonung der Felder. 8. August 1800. 1 S. 4.

Jagdmandat der Verwaltungskammer. 2. Februar 1801. 1 S. Fol.

Verordnung, Gesetzliche, betreffend die Polizei der Jagd im Kanton Zürich vom 31. Mai 1804. Zürich, 1805. 5 S. 8.
<small>(Officielle Sammlung der vom Grossen Roth des Cantons Zürich gegebenen Gesetze und gemachten Verordnungen. Bd. II, S. 39.)</small>

Beschluss des kleinen Rathes betreffend die verschobene Revision des Jagdgesetzes und die Vollmacht an die Jäger-Commission wegen Abkürzung der Jagdzeit. Vom 3. Brachmonat 1817.

Gesetz betreffend die Aufhebung der Jagdbänne und der Jäger- und Fischerkommission. Vom 27. August 1831. Zürich, 1831. 1 S. 8.
<small>(Officielle Sammlung der Gesetze, Beschlüsse und Verordnungen des eidg. Standes Zürich seit 1831. Bd. I, S. 258.)</small>

Gesetz betreffend das Jagdwesen vom 29. Brachmonat 1836. Zürich, 1835. 2 S. 8.
    (Officielle Sammlung der Gesetze, Beschlüsse und Verordnungen des eidg. Standes Zürich seit 1831. Bd. IV, S. 231.)
— — betreffend das Jagdwesen vom 1. Heumonat 1836. Zürich, 1855. 5 S. 8.
    (Officielle Sammlung der Gesetze, Beschlüsse und Verordnungen des eidg. Standes Zürich seit 1831. Bd. X, S. 299.)
— — betreffend das Jagdwesen vom 1. Heumonat 1863. Zürich, 1859. 6 S. 8.
    (Officielle Sammlung der Gesetze, Beschlüsse und Verordnungen des eidg. Standes Zürich seit 1831. Bd. XII, S. 171.)
Vollziehungsverordnung, zum Bundesgesetz über Jagd und Vogelschutz. Vom 15. Heumonat 1876. 8.
*****Gesetz** betreffend Jagd und Vogelschutz. Vom 26. November 1882. Zürich, 1883. 6 S. 8.
    (Officielle Sammlung der seit 10. März 1881 erlassenen Gesetze, Beschlüsse und Verordnungen des eidg. Standes Zürich. Bd. XX, S. 401.)
*****Regulativ** der Polizeidirektion betreffend das Verfahren bei Ausrichtung von Prämien für Erlegung schädlicher Tiere. Vom 17. Mai 1883. Horgen, 1883. 1 S. 8.
    (Supplement zu Bd. I—XX der officiellen Gesetzessammlung des Kantons Zürich. S. 195.)
*****Verfügung** der Polizeidirektion betreffend die Ausrichtung von Jagdprämien. Vom 14. Juni 1883. Horgen, 1883. 2 S. 8.
    (Supplement zu Bd. I—XX der officiellen Gesetzessammlung des Kantons Zürich. S. 195.)

Bern.

Jagdordnung von 1483. Bern, 1832. 8.
    (Abgedruckt in Schweiz. Geschichtsforscher. Bd. VIII, S. 157.)
Jägerordnung, Erneuerte, der Stadt Bern. Wider den Missbrauch der Jagd auf Dero Teutsche Land und fürnemlich auff etliche sonderbahre Wälder gerichtet. 26. und 31. Januarji 1725. Bern, 1725. 20 S. 8.
    (Kantonsbibliothek Aargau.)
— — Erneuerte, für die Stadt Bern, deutsche Lande. Vom 27. März, 3. April, 15. Mai, 19. August und 3. Herbstmonat 1778. Bern. 16 S. 8.
    (Kantonsbibliothek Aargau.)
Beschluss des Vollziehungsrathes betreffend Jagdverbot während der Brutzeit des Gewildes. 23. Christmonat 1800. Bern. 4.
Gesetz über die Jagd. Vom 16., 23. und 25. May 1804. Bern, 1805. 7 S. 8.
    (Gesetze und Dekrete des Grossen und kleinen Rathes des Cantons Bern. I. Bd., S. 382.)
Jagdverordnung. Neue, vom 17. Juni 1817. Bern, 1818. 9 S. 8.
    (Neue Sammlung der Gesetze und Dekrete des Grossen und Kleinen Rathes der Stadt und Republik Bern. I. Bd., S. 335.)
*****Gesetz** über die Jagd vom 29. Juni 1832. 7 S. 8.
    (Gesetze, Dekrete und Verordnungen der Republik Bern. II. Bd., S. 221. Nouveau recueil officiel des lois, décrets, ordonnances etc. du Canton de Berne. Vol. II, p. 364.)
Verordnung über die Bildung von Jagdbannbezirken. Vom 4. Februar 1870. 7 S. 8.
    (Gesetze, Dekrete und Verordnungen des Kantons Bern, neue Folge, IX. Bd., S. 40. Bulletin des lois, décrets et ordonnances du canton de Berne, nouvelle série. Vol. IX, p. 36.)

Verordnung über die Bildung von Jagdbannbezirken. Vom 20. Juli 1872. Bern, 1872. 10 S. 8.
(Gesetze, Dekrete und Verordnungen des Kantons Bern, neue Folge, XI. Bd., S. 134. Bulletin des lois, décrets et ordonnances du canton de Berne, nouvelle série, Vol. XI, p. 134.)
— — über die Bildung von Jagdbannbezirken. Vom 8. August 1874. Bern, 1874. 7 S. 8.
(Gesetze, Dekrete und Verordnungen des Kantons Bern, neue Folge, XIII. Bd., S. 296. Bulletin des lois, décrets et ordonnances du canton de Berne, nouvelle série, Vol. XIII, p. 302.)
*Vollziehungsverordnung betreffend die Ausübung der Jagd. Vom 26. Heumonat 1876. Bern, 1876. 12 S. 8.
(Gesetze, Dekrete und Verordnungen des Kantons Bern, neue Folge, XV. Bd., S. 143. Bulletin des lois, décrets et ordonnances du canton de Berne, nouvelle série, Vol. XV, p. 143.)
Verordnung über die Bildung von Jagdbannbezirken. Vom 19. August 1876. Bern, 1876. 6 S. 8.
(Gesetze, Dekrete und Verordnungen des Kantons Bern, neue Folge, XV. Bd., S. 158. Bulletin des lois, décrets et ordonnances du canton de Berne, nouvelle série, Vol. XV, p. 158.)
*Gesetz betreffend Abänderung des bernischen Jagdgesetzes von 1832. Vom 24. März 1878. Bern, 1878. 2 S. 8.
(Gesetze, Dekrete und Verordnungen des Kantons Bern, neue Folge, XVII. Bd., S. 103. Bulletin des lois, décrets et ordonnances du canton de Berne, nouvelle série, Vol. XVII, p. 104.)
*Beschluss betreffend Abänderung des Art. 5, drittes Lemma, der Vollziehungsverordnung vom 26. Heumonat 1876 über die Ausübung der Jagd. Vom 10. Christmonat 1879. Bern, 1879. 1 S. 8.
(Gesetze, Dekrete und Verordnungen des Kantons Bern, neue Folge, XVIII. Bd., S. 226. Bulletin des lois, décrets et ordonnances du canton de Berne, nouvelle série, Vol. XVIII, p. 226.)
*— — betreffend die Jagd auf Enten und Schwimmvögel vom 15. August 1888. Bern, 1888. 1 S. 8.
(Gesetze, Dekrete und Verordnungen des Kantons Bern, neue Folge, XXVII. Bd., S. 180.)
*— — über Abänderung der Vollziehungsverordnung vom 26. Juli 1876 betr. die Ausübung der Jagd. Vom 26. September 1894.
(Gesetze, Dekrete und Verordnungen des Kantons Bern, neue Folge, XXXIII. Bd., S. 367.)

Luzern.

Jagd-Ordnung von Emmen von ca. 1300. Hofrecht von Emmen. Einsiedeln, 1849. 5 S. 8.
(Geschichtsfreund. Bd. VI, S. 66 u. ff.)
— — von Malters ca. 1350. Hofrecht von Malters. Einsiedeln, 1847. 6 S. 8.
(Geschichtsfreund. Bd. IV, S. 67—72.)
Jagdordnungen von 1535 bis 1787. Luzern, 1857. 7 S. 8.
(Rechtsgeschichte der Stadt u. Republik Luzern. Bd. III, XIII. Buch S. 61.)
— — luzernerische, vom 20. Mai 1649. Luzern. 1 S. Fol.
— — luzernerische, vom 12. Januar 1650. Luzern. 1 S. Fol.
— — luzernerische, vom 21. Juni 1686. Luzern. 1 S. Fol.
— — luzernerische, vom 9. Weinmonat 1702. Luzern. 1 S. Fol.
— — luzernerische, vom 8. August 1716. Luzern. 1 S. Fol.
— — luzernerische, vom 11. Mai 1725. 1 S. Fol.
— — luzernerische, vom 7. Heumonat 1759. Luzern. 1 S. Fol.
— — luzernerische, vom 3. Hornung 1764. Luzern. 1 S. Fol.

Anhang. — Appendice.

Ordnung von Unseren Gnädigen Herren und Oberen Räth und Hundert. Wegen Fischen in denen Bächen, Birsen und Jagen. Vom 5. Heumonat 1771. Luzern. 10 S. 4.

Ruf der Jäger-Kammer wegen der Jagd-Patente. Vom 19. Brachmonat 1777. Luzern. 1 S. Fol.

Verordnung betr. Jagd-Patente vom 2. August 1787. Luzern. 1 S. Fol.

Ruf der Jäger-Kammer betr. Einstellung der Jagd. Vom 22. Christmonat 1788. Luzern. 1 S. Fol.

Jagd-Ordnung, luzernerische, vom 3. August 1789. Luzern. 1 S. Fol.

Verordnung der Jäger-Kammer betr. Jagd-Patente vom 28. Heumonat 1790. Luzern. 1 S. Fol.

Jagd-Ordnung, luzernerische, vom 31. Dezember 1792. Erläuterung des 1. Artikels der Verordnung vom 3. August 1789 in Betreff des Jagens. Luzern. 1 S. Fol.

Verordnung der Jäger-Kammer betreffend Einlösen der Jagdpatente vom 24. Heumonat 1793. Luzern. 1 S. Fol.

— — der Jäger-Kammer wegen der Jagdpatente vom 5. August 1796. Luzern. 1 S. Fol.

Proklamation der Verwaltungs-Kammer des Cantons Luzern zum Schutze des Ackerbaues, des Forstwesens und der Jagd. Vom 6. Juli 1798. Luzern. 1 S. Fol.

Ruf der Verwaltungs-Kammer des Kantons Luzern betreffend Bestrafung der Jagdfrevel. Vom 12. August 1798. Luzern. 1 S. Fol.

Verbot der Verwaltungs-Kammer des Cantons Luzern, vom 1. Jänner bis 1 Herbstmonat zu jagen. Vom 10. Hornung 1801. Luzern. 1 S. Fol.

Bestätigung der frühern Jagdverordnungen durch die Verwaltungskammer des Kantons Luzern. Vom 10. Jänner 1802. Luzern. 1 S. Fol.

Erneuerung der Verordnung über die Jagd vom 10. Februar 1801 durch den Regierungsstatthalter. Vom 21. Januar 1803. Luzern. 1 S. Fol.

Beschluss betreffend das Jagen vom 28. Herbstmonat 1803. Luzern, 1804. 2 S. 8.
(Sammlung der vom kleinen Rathe des Kantons Luzern gegebenen Gesetze und gemachten Verordnungen. I. Heft, S. 77.)

Verordnungen vom 24. Jänner 1804, Bestimmungen eines Schussgeldes für den Erleger reissender Thiere. Luzern, 1811, 1 S. 8.
(Sammlung der revidierten Gesetze und Regierungsverordnungen des Kantons Luzern. III. Bd., S. 156.)

— — betreffend die Wolfjagd vom 24. Jänner 1804. Luzern, 1804. 1 S. 8.
(Sammlung der vom kleinen Rathe des Kantons Luzern gegebenen Gesetze und gemachten Verordnungen. I. Heft, S. 122.)

Beschluss, festsetzend den Zeitpunkt des Anfangs und des Endes der Jagdzeit für jedes Jahr. Vom 24. Heumonat 1807. Luzern. 1 S. 8.
(Luzernisches Kantonsblatt. Bd. II, S. 241.)

— — Erläuterung des Regierungsbeschlusses vom 24. Heumonat letzthin, in Hinsicht des Birsens mit und ohne Stellhunde. Vom 14. Augstmonat 1807. Luzern. 1 S. 8.
(Luzernisches Kantonsblatt. Bd. II, S. 249.)

Aufforderung zur Handhabung der Verordnungen wegen dem Jagen und Birsen. Vom 17. August 1808. Luzern. 1 S. 8.
(Luzernisches Kantonsblatt. Bd. III, S. 151.)

Gesetz, das Auflagen-System enthaltend. Luzern. 18. April 1810. 18 S. 8.
>(Fünfter Abschnitt § 17. Verpachtung der Jagd auf 6 Jahre.)

Verordnung, die Verpachtung der Jagd betreffend. Vom 18. August 1810. Luzern. 3 S. 8.
>(Luzernisches Kantonsblatt. Bd. IV, S. 285.)

Gesetz, Unter Aufhebung der Verpachtung der Jagd, diese gegen Patente freygebend, nebst weitern Verfügungen hinsichtlich derselben. Vom 25. Brachmonat 1817. Luzern, 1816. 4 S. 8.
>(Sammlung der Gesetze und Regierungs-Verordnungen für die Stadt und Republik Luzern. Bd. II, S. 161.)

Beschluss, die Eröffnung der diesjährigen Jagdzeit, sowie den Termin zur Einlösung der Jagd-Patente festsetzend. Vom 20. August 1817. Luzern. 1 S. 8.

Verordnung über das Jagen vom 20. August 1817. Luzern, 1816. 8 S. 8.
>(Sammlung der Gesetze und Regierungs-Verordnungen für die Stadt und Republik Luzern. Bd. II, S.)

Gesetz, eine Abänderung und Vervollständigung des Jagdgesetzes vom 25. Brachmonat 1817 anordnend. Vom 30. Brachmonat 1828. Luzern, 1827. 6 S. 8.
>(Sammlung der Gesetze und Regierungs-Verordnungen der Stadt und Republik Luzern. Bd. V, S. 279.)

Beschluss, Vollziehungsverordnungen über das vorstehende Jagdgesetz enthaltend. Vom 12. Heumonat 1828. Luzern. 1827. 6 S. 8.
>(Sammlung der Gesetze und Regierungs-Verordnungen der Stadt und Republik Luzern. Bd. V, S. 285.)

— — die Eröffnung der diessjährigen Jagdzeit festsetzend. Vom 22. August 1828. Luzern. 1 S. 8.
>(Wörtliche Nachdrucke mit verschiedenem Datum seither jährlich im Amtsblatt reproducirt.)

Gesetz über das Jagdwesen. Vom 4. Herbstmonat 1831. Luzern. 1831. 6 S. 8.
>(Sammlung der Gesetze und Regierungs-Verordnungen für den Kanton Luzern. Bd. I, S. 209.)

Dekret, Erläuterung des § 1 des Jagdgesetzes enthaltend. Vom 20. Weinmonat 1831. Luzern, 1831. 2 S. 8.
>(Sammlung der Gesetze und Regierungsverordnungen für den Kanton Luzern. Bd. I, S. 371.)

Gesetz über das Jagdwesen. Vom 2. Juni 1857. Luzern, 1861. 6 S. 8.
>(Gesetze, Dekrete und Verordnungen für den Kanton Luzern. Bd. III, S. 141.)

— — über das Jagdwesen. Vom 7. März 1870. Luzern, 1874. 8 S. 8.
>(Gesetze, Dekrete und Verordnung für den Kanton Luzern. Bd. V, S. 193.)

Verordnung über Bildung von Jagdbannbezirken. Vom 22. August 1873. Luzern. S. 1. Fol.

Dekret betreffend Interpretation des § 6 des Jagdgesetzes vom 7. März 1870. Vom 5. März 1874. Luzern, 1883. 1 S. 8.
>(Gesetze, Dekrete und Verordnungen für den Kanton Luzern. Bd. VI, S. 1.)

Verordnung betreffend das Jagdwesen im Kanton Luzern. Vom 17. Juli 1876. Luzern. 12. S. 8.

Bekanntmachung betreffend die Abgrenzung des Bannbezirks für Hochwildjagd am Pilatus. Vom 9. Weinmonat 1877. Luzern. 1 S. 8.

Regierungsbeschluss betreffend das kantonale Jagdgesetz vom 7. März 1870. Vom 4. Heumonat 1877/31. Mai 1878. Luzern, 1883. 1 S. 8.
>(Gesetze, Dekrete und Verordnungen für den Kanton Luzern. Bd. VI, S. 297.)

Verordnung über Bildung von Jagdbannbezirken. Vom 16. August 1878. 3 S. 8.

V 9 c

Vollziehungsverordnung zum Bundesgesetz über Jagd und Vogelschutz vom 17. September 1875. Vom 7. Brachmonat 1882. 8 S. 8.
Schlussnahme des Grossen Rathes vom 2. Brachmonat 1887 betreffend Einführung von Schontagen oder Abkürzung der Jagdzeit.
*****Vollziehungsverordnung** zum Bundesgesetz über Jagd- und Vogelschutz vom 17. September 1875. Vom 7. Brachmonat 1882. Revidiert den 18. Hornung 1888. 8 S. 8.
*****Beschluss** betreffend Prämien für Erlegung der Fischotter. Vom 6. Juli 1892. Luzern. 1 S. 8.

Uri.

Jagen und Fischen. (Landsgmd. Erkenntniss 1742, 1746, 1783, 1749, 1641, 1812. Landraths Erkenntniss 1819.) Flüelen, 1823. 4 S. 8.
   (Landbuch oder officielle Sammlung der Gesetze, Beschlüsse und Verordnungen des Kantons Uri. Bd. I, Art. 225—228, S. 201.)
Erläuterung des Jagdgesetzes (Verbot des Fanges von Gemskitzen). Landrathserkenntniss vom 28. Dezember 1849. Altdorf, 1856. ¼ S. 8.
   (Amtliche Sammlung der Gesetze und Verordnungen des Landes Uri. Jahrg. 1842/50, S. 163.)
Verschärfung des Verbotes des Marmottengrabens. Landrathserkenntniss vom 4. Mai 1853. Altdorf, 1853. ½ S. 8.
   (Amtliche Sammlung der Gesetze und Verordnungen des Landes Uri. S. 280.)
*****Verordnung** über Jagd- und Vogelschutz, in Vollziehung des Bundesgesetzes vom 17. Herbstmonat 1875 und der diesbezüglichen bundesräthlichen Vollziehungsverordnung vom 12. April 1876. Vom 17. August 1876. 11 S. 8.

Schwyz.

Jagdverordnung vom 26. September 1849. Schwyz, 1848/49. 7 S. 8.
   (Amtliche Sammlung der Gesetze und Verordnungen des Kantons Schwyz. Bd. I, S. 449.)
Abänderung des § 21 der Jagdordnung vom 26. September 1849, das Wegfangen kleiner Vögel betreffend. Vom 7. April 1865. Schwyz, 1868. 1 S. 8.
   (Gesetze und Verordnungen des Kantons Schwyz. Jahrg. 1863/67. Bd. V, S. 112.)
Konkordat betreffend die Einführung gemeinschaftlicher offener Jagdzeit und zeitweisen gemeinschaftlichen Jagdbannes auf Gemsen, Rehe, Hirsche und Murmeltiere. Vom 18. Februar 1868. Schwyz, 1873. 2 S. 8.
   (Gesetzessammlung des Kantons Schwyz. Jahrg. 1868/72. Bd. VI, S. 49.)
Jagdverordnung für den Kanton Schwyz. Vom 29. Juli 1869. Schwyz, 1873. 7 S. 8.
   (Gesetzessammlung des Kantons Schwyz. Jahrg. 1868/72. Bd. VI, S. 95.)
Beschluss des Regierungsrathes betreffend Errichtung von Freibergen. Vom 28. August 1869. Schwyz, 1873. 2 S. 8.
   (Gesetzessammlung des Kantons Schwyz. Jahrg. 1868/72. Bd. VI, S. 102.)
Revision des § 17 der Jagdordnung. Vom 2. Juli 1873. Schwyz, 1875. 1 S. 8.
   (Amtl. Sammlung der Gesetze und Verordnungen des Kantons Schwyz. Jahrg. 1873/75. Bd. VII, S. 87.)
Vollziehungsverordnung des Kantons Schwyz zum eidg. Jagdgesetz. Vom 25. Juli 1876. Schwyz, 1881. 8 S. 8.
   (Amtliche Sammlung der Gesetze und Verordnungen des Kantons Schwyz. Jahrg. 1876/80. Bd. VIII, S. 55.)

Vereinbarung (Konkordat) betreffend die Unterdrückung des Wildfrevels im Grenzgebiete der Kantone Uri und Schwyz. Vom 29. Dezember 1885/25. August 1886. Schwyz, 1890. 1 S. 8.
<small>(Amtliche Sammlung der Gesetze und Verordnungen des Kantons Schwyz. Jahrg. 1884/89. Bd. X, S. 121.)</small>

Beschluss betr. die Unterdrückung des Wildfrevels im Grenzgebiete der Kantone Schwyz und Glarus. Vom 6. November 1886. Schwyz, 1890. 1½ S. 8.
<small>(Amtliche Sammlung der Gesetze und Verordnungen des Kantons Schwyz. Jahrg. 1884/89. Bd. X, S. 123.)</small>

***Vollziehungsverordnung** des Kantons Schwyz zum eidg. Jagdgesetz. Vom 14. Januar 1887. Schwyz, 1890. 8 S. 8.
<small>(Amtliche Sammlung der Gesetze und Verordnungen des Kantons Schwyz. Jahrg. 1884/89. Bd. X, S. 129.)</small>

Obwalden.

Jagdordnung. Vom 27. April 1834. Luzern, 1853. 2 S. 8.
<small>(Sammlung der Gesetze und Verordnungen des Kantons Unterwalden ob dem Wald. Bd. I, S. 344.)</small>

Abänderung in der Jagdordnung. Vom 26. Heumonat 1856. Sarnen. 1 S. 8.
<small>(Sammlung der Gesetze und Verordnungen des Kantons Unterwalden ob dem Wald. Bd. II, S. 179.)</small>

Verbot des Ausgrabens von Marmotten. Vom 7. Christmonat 1866. ½ S. 8.
<small>(Sammlung der Gesetze und Verordnungen des Kantons Unterwalden ob dem Wald. Bd. II, S. 647.)</small>

***Verordnung** für Einführung des Bundesgesetzes über Jagd und Vogelschutz. Vom 11. Herbstmonat 1876. Sarnen. 7 S. 8.
<small>(Sammlung der Gesetze und Verordnungen des Kantons Unterwalden ob dem Wald. Bd. IV, S. 107.)</small>

Nidwalden.

Gemsen, Hirsche und Rehe zu jagen verbothen. Aelteres Gesetz. Stans, 1867. ½ S. 8.
<small>(Gesetzbuch für den Kanton Unterwalden nid dem Wald. Bd. I, S. 431.)</small>

Jagdgesetz. 22. März 1853. Luzern, 1857. 3 S. 8.
<small>(Allgem. Gesetzbuch des Kantons Unterwalden nid dem Wald. Bd. I, S. 238.)</small>

— — Nachgemeinde den 13. Mai 1866. Stans, 1867. 1 S. 8.
<small>(Gesetzbuch für den Kanton Unterwalden nid dem Wald. Bd. I, S. 430.)</small>

***Verordnung** betreffend das Jagdwesen. Landrath, den 9. August 1876. Stans, 1890. 9 S. 8.
<small>(Gesetzbuch des Kantons Unterwalden nid dem Wald. Bd. I, S. 415.)</small>

Glarus.

Gesetz über die Jagd. Erlassen von der Landsgemeinde 1846. Glarus, 1861. 3½ S. 8.
<small>(Landsbuch des Kantons Glarus. II. Theil, S. 145.)</small>

Abänderung des Gesetzes betreffend die Jagd. Beschlossen von der Landsgemeinde 1864. Glarus, 1864. ½ S. 8.
<small>(Amtliche Sammlung der Gesetze und Verordnungen des Kantons Glarus. I. Heft, S. 37.)</small>

Konkordat betreffend die Einführung einer gemeinschaftlichen offenen Jagdzeit und eines zeitweisen gemeinschaftlichen Jagdbannes zum Schutze des Hochwildes. Vom 18. Februar 1868. Glarus. 1867. 2 S. 8.
<small>(Amtliche Sammlung der Gesetze und Verordnungen des Kantons Glarus. II. Heft, S. 85.)</small>

Gesetz betreffend die Jagd. Erlassen von der Landsgemeinde 1869. Glarus, 1867. 3 S. 8.
(Amtliche Sammlung der Gesetze und Verordnungen des Kantons Glarus. II. Heft, S. 98.)

Beschluss betreffend die Bannung der Jagd. Erlassen von der Landsgemeinde am 11. Mai 1873. Glarus. 1873—76. ½ S. 8.
(Amtliche Sammlung der Gesetze und Verordnungen des Kantons Glarus. IV. Heft, S. 37.)

— — betreffend Bannung der Jagd. Erlassen von der Landsgemeinde am 5. Mai 1874. Glarus, 1873—76. 1 S. 8.
(Amtliche Sammlung der Gesetze und Verordnungen des Kantons Glarus. IV. Heft, S. 110.)

*****Vollziehungsgesetz** zum Bundesgesetz über die Jagd und Vogelschutz. Erlassen 23. August 1876 resp. 27. Mai 1877. Revidiert 9. Mai 1886 und 5. Mai 1889. Glarus, 1878, 1892. 5 u. 6 S. 8.
(Landsbuch des Kantons Glarus. II. Theil, S. 359.)

*****Vollziehungsbeschluss** zu Lemma 3 des § 8 des kantonalen Vollziehungsgesetzes vom 27. Mai 1877 zum Bundesgesetz über Jagd und Vogelschutz, vom 17. September 1875, betreffend die Anstellung von Wildhütern für den Freiberg. Erlassen am 1. August 1882. Glarus, 1892. 1 S. 8.
(Landsbuch des Kantons Glarus. II. Theil, S. 170.)

*****Beschluss** betreffend Wildfrevel an der Glarner-Urner-Grenze. Vom 9. September 1885. Glarus, 1892. 1 S. 8.
(Landsbuch des Kantons Glarus. II. Theil, S. 171.)

*— — betreffend Wildfrevel an der Glarner-Schwyzer Grenze. Vom 13. Oktober 1886. Glarus, 1892. 1 S. 8.
(Landsbuch des Kantons Glarus. II. Theil, S. 173.)

*— — betreffend zeitweise Schliessung der Glärnischkette für jegliche Jagd. Vom 5 Mai 1890. Glarus, 1891. 1 S. 8.
(Landsbuch des Kantons Glarus. II. Theil, S. 174.)

*— — betreffend die Begrenzung des Jagdbannbezirkes Glärnischkette. Vom 31. Juli 1890. Glarus. 1892. 1 S. 8.
(Landsbuch des Kantons Glarus. II. Theil, S. 175.)

*— — betreffend Ausdehnung der Bannungszeit der Glärnischkette. Vom 7. Mai 1891. Glarus. 1892. 1 S. 8.
(Landsbuch des Kantons Glarus. II. Theil, S. 176.)

Zug.

*****Vollziehungsverordnung** zum Bundesgesetz über Jagd und Vogelschutz. Vom 31. Juli 1876. 8 S. 8.

Fribourg.

Loi du 28 mai 1804 concernant la chasse et la pêche. Fribourg. 7 p. 2.
(Bulletin officiel des lois, décrets, arrêtés etc. du Gouvernement du canton de Fribourg. Vol. II, p. 26. Sammlung der Gesetze, Dekrete, Beschlüsse etc. der Regierung des Kantons Freiburg. II. Bd., S. 27.)

Arrêté du 17 mars 1809. Répartition de la prime accordée pour la destruction des loups. Fribourg. 12 p. 12.
(Bulletin officiel des lois, décrets, etc. du Gouvernement du canton de Fribourg. Vol. V, p. 228. Sammlung der Gesetze etc. der Regierung des Kantons Freiburg. V. Bd., S. 131.)

Loi du 12 mai 1812 concernant la chasse. Fribourg. 7 p. 12.
(Bulletin officiel des lois, décrets, etc. du Gouvernement du Canton de Fribourg. Vol. VII, p. 10. Sammlung der Gesetze etc. der Regierung des Kantons Freiburg. Bd. VII.)

Décret du 28 juin 1820. Règlement de chasse. Fribourg. 7 p. 8.
(Bulletin officiel des lois, décrets, etc. du Gouvernement de Fribourg. Vol. IX, p. 177. Sammlung der Gesetze etc. des Kantons Freiburg. Bd. IX, S. 171.)

Arrêté du 19 janvier 1826 et arrêté d'exécution du 7 août 1826, relatifs à l'établissement d'Inspecteurs et de Sous-Inspecteurs de chasse, et de celle du renard en particulier. Fribourg. p 4. 12.
<small>(Bulletin officiel des lois, décrets, etc. du Gouvernement du canton de Fribourg. Vol. XI, p. 27. Sammlung der Gesetze etc. der Regierung des Kantons Freiburg. Bd. XI, S. 26.)</small>

— — du 3 février 1827 modifiant celui du 19 janvier 1826 relatif aux inspecteurs de chasse. Fribourg. 1 p. 12.
<small>(Bulletin officiel des lois, décrets, etc. du Gouvernement du canton de Fribourg. Vol. XI, p. 46.)</small>

— — du 17 juin 1829, révoquant celui du 19 janvier 1826, qui avait établi des inspecteurs et sous-inspecteurs de chasse. Fribourg.

Arrêté du 16 mars 1838 relatif à la chasse du renard. Fribourg. 2 p. 12.
<small>(Bulletin officiel des lois, décrets, etc. du Gouvernement du canton de Fribourg. Vol. XVII, p. 245. Sammlung der Gesetze etc. der Regierung des Kantons Freiburg. Bd. XVII, S. 238.)</small>

Décret du 29 mai 1841 retardant l'ouverture de la chasse. Fribourg. 1 p. 12.
<small>(Bulletin des lois, décrets, etc. du Gouvernement du canton de Fribourg. Vol. XIX, p. 71. Sammlung der Gesetze etc. der Regierung des Kantons Freiburg. Bd. XIX, S. 76.)</small>

— — du 21 mai 1847 pour l'augmentation d'émolument du permis de chasse. Fribourg. 1 p. 12.
<small>(Bulletin officiel des lois, décrets, etc. du Gouvernement du canton de Fribourg. Vol. XXI, p. 235. Sammlung der Gesetze etc. der Regierung des Kantons Freiburg. Bd. 21, S. 195.)</small>

— — du 3 décembre 1847 prolongeant le droit de chasse. Fribourg. 1 p. 12.
<small>(Bulletin officiel des lois, décrets, etc. du gouvernement du canton de Fribourg. Vol. XXII, S. 57. Sammlung der Gesetze etc. der Regierung des Kantons Freiburg. Bd. XXII, S. 59.)</small>

Règlement du 18 septembre 1849 pour la chasse sur le lac de Morat. Fribourg. 5 p. 8.
<small>(Bulletin officiel des lois, décrets, etc. du gouvernement du canton de Fribourg. Vol. XXV, p. 1. Amtliche Sammlung der Gesetze etc. der Regierung des Kantons Freiburg. Bd. XXV, S. 54.)</small>

— — complémentaire concernant la pêche et la chasse sur le lac de Morat. Du 15 octobre 1851. Fribourg. 3 p. 8.
<small>(Bulletin officiel des lois, décrets, etc. du Gouvernement du canton de Fribourg. Vol. XXVI, p. 186. Amtliche Sammlung der Gesetze etc. der Regierung des Kantons Freiburg. Bd. XXVI, S. 278.)</small>

Loi du 9 mai 1854 sur la chasse. Fribourg. 8 p. 8.
<small>(Bulletin officiel des lois, décrets, etc. du Gouvernement du canton de Fribourg. Vol. XXVIII, p. 259. Amtliche Sammlung der Gesetze etc. der Regierung des Kantons Freiburg. Bd. XXVIII, S. 283.)</small>

Décret du 2 septembre 1858 concernant l'ouverture de la chasse. Fribourg. 1 p. 8.
<small>(Bulletin officiel des lois, décrets, etc. du Gouvernement du canton de Fribourg. Vol. XXXI, p. 104. Amtliche Sammlung der Gesetze etc. der Regierung des Kantons Freiburg. Bd. XXXI, S. 108.)</small>

— — du 22 novembre 1861 touchant la conservation des oiseaux utiles à l'agriculture. Fribourg. 2 p. 8.
<small>(Bulletin officiel des lois, décrets, etc. du Gouvernement du canton de Fribourg. Vol. XXXIII, p. 149. Amtliche Sammlung der Gesetze etc. der Regierung des Kantons Freiburg. Bd. XXXIII, S. 147.)</small>

Convention du 9 et 10 mai 1864 entre les Etats de Vaud et de Fribourg sur la délivrance des permis de chasse aux citoyens domiciliés sur leurs territoires respectifs. Fribourg. 2 p. 8.
<small>(Bulletin officiel des lois, décrets, etc. du Gouvernement du canton de Fribourg. Vol. XXXV, p. 91. Amtliche Sammlung der Gesetze etc. der Regierung des Kantons Freiburg. Bd. XXXV, S. 96.)</small>

Décret du 14 mai 1864 sur les permis de chasse. Fribourg. 2 p. 8.
    (Bulletin officiel des lois, décrets, etc. du gouvernement du canton de Fribourg. Vol. XXXV, p. 63. Amtliche Sammlung der Gesetze etc. der Regierung des Kantons Freiburg. Bd. XXXV, S. 66.)

Arrêté du 17 décembre 1864 concernant la vente et le colportage du gibier dans le canton. Fribourg. 2 p. 8.
    (Bulletin officiel des lois, décrets, etc. du gouvernement du canton de Fribourg. Vol. XXXV, S. 330. Amtliche Sammlung der Gesetze etc. der Regierung des Kantons Freiburg. Bd. XXXV, S. 351.)

Beschluss des Staatsrates des Kantons Freiburg vom 20. August 1875 betreffend die Eröffnung der Jagd. Freiburg. 3 S. 8.
    (Amtliche Sammlung der Gesetze etc. der Regierung des Kantons Freiburg. Bd. XLIV, S. 251.)

*****Loi** du 10 mai 1876 sur la chasse. Fribourg. 19 p. 8.
    (Bulletin officiel des lois, décrets, etc. du Gouvernement du canton de Fribourg. Vol XLV, p. 172. Amtliche Sammlung der Gesetze etc. der Regierung des Kantons Freiburg. Bd. XLV, S. 156.)

*****Arrêté** d'exécution du 10 juin 1876 de la loi sur la chasse. Fribourg. 4 p. 8.
    (Bulletin officiel des lois, décrets, etc. du Gouvernement du canton de Fribourg. Vol. XLV, p. 191. Amtliche Sammlung der Gesetze etc. der Regierung des Kantons Freiburg. Bd. XLV, S. 174.)

Règlement du 7 août 1876 pour la chasse sur le lac de Moral. Fribourg. 5 p. 8.
    (Bulletin officiel des lois, décrets, etc. du Gouvernement du canton de Fribourg. Vol. XLV, p. 212. Amtliche Sammlung der Gesetze etc. der Regierung des Kantons Freiburg. Bd. XLV, S. 223.)

Beschluss des Staatsrates des Kantons Freiburg vom 12. August 1876 betreffend Eröffnung der allgemeinen Jagd. Freiburg. 4 S. 8.
    (Amtliche Sammlung der Gesetze etc. der Regierung des Kantons Freiburg. Bd. XLV, S. 142.)

Arrêté du 13 novembre 1876 sur les garde-chasse du district franc. Fribourg. 7 p. 8.
    (Bulletin des lois, décrets, etc. du Gouvernement du canton de Fribourg. Vol. XLV, p. 274. Amtliche Sammlung der Gesetze etc. der Regierung des Kantons Freiburg. Bd. XLV, S. 253.)

Reglement über die Ausübung der Jagd auf dem Neuenburgersee vom 20. Januar, 13., 19., 20. Hornung 1877. Freiburg. 4 S. 8.
    (Amtliche Sammlung der Gesetze etc. der Regierung des Kantons Freiburg. Bd. XLVI, S. 51.)

Règlement du 23 mai 1879 sur la chasse aux animaux nuisibles dans le district franc. Fribourg. 3 p. 8.
    (Bulletin officiel des lois, décrets, etc. du Gouvernement du canton de Fribourg. Vol. XLVIII, p. 99. Amtliche Sammlung der Gesetze etc. der Regierung des Kantons Freiburg. Bd. XLVIII, S. 90.)

*****Loi** du 12 mai 1880 modifiant les art. 30 et 42 de la loi du 10 mai 1876 sur la chasse. Fribourg. 1 p. 8.
    (Bulletin officiel des lois et autres actes du gouvernement du Canton de Fribourg. Vol. 49, p. 60. Amtliche Sammlung der Gesetze etc. der Regierung des Kantons Freiburg. Bd. 49, S. 76.)

***— —** du 20 mai 1884 concernant la traque (rabattage) du gibier. Fribourg. 1 p. 8.
    (Bulletin officiel des lois et autres actes du gouvernement du Canton de Fribourg. Vol. 53, p. 118. Amtliche Sammlung der Gesetze etc. der Regierung des Kantons Freiburg. Bd. 53, S. 124.)

Décret du Grand Conseil du Canton de Fribourg, en date du 9 mai 1889, interprétant l'arrêté du 27 juillet 1877 et ratifiant les dispositions des art. 10 et 11 des arrêtés du 13 août 1887 et du 14 août 1888, fixant l'ouverture des différentes chasses. Fribourg. 2 p. 8.
    (Bulletin des lois du Canton de Fribourg. Vol. 58, p. 108. Amtliche Sammlung der Gesetze des Kantons Freiburg. Bd. 58, S. 116.)

V9c

Arrêté du Conseil d'Etat du Canton de Fribourg en date du 13 août 1889, fixant l'ouverture des différentes chasses. Fribourg. 5 p. 8.
<small>(Bulletin des lois du Canton de Fribourg. Vol. 58, p. 149. Amtliche Sammlung der Gesetze des Kantons Freiburg. Bd. 58, S. 158.)</small>

*Loi du 23 mai 1890 modifiant certaines dispositions de la loi cantonale du 10 mai 1876 sur la chasse. Fribourg. 4 p. 8.
<small>(Bulletin des lois du Canton de Fribourg. Vol. 59, p. 77. Amtliche Sammlung der Gesetze des Kantons Freiburg. Bd. 59, S. 85.)</small>

Arrêté du 16 août 1890, fixant l'époque et la durée de la chasse aux différentes espèces de gibier, ainsi que les limites des territoires à ban. Fribourg. 3 p. 8.
<small>(Bulletin des lois du Canton de Fribourg. Vol. 59, p. 184. Amtliche Sammlung der Gesetze des Kantons Freiburg. Bd. 59, S. 210.)</small>

— — du 25 août 1891, fixant l'époque et la durée de la chasse aux différentes espèces de gibier. Fribourg. 4 p. 8.
<small>(Bulletin des lois du Canton de Fribourg. Vol. 60, p. 119.)</small>

— — du 22 août 1893, fixant l'époque et la durée de la chasse aux différentes espèces de gibier dans le canton de Fribourg, ainsi que les limites des territoires à ban.

Solothurn.

Rathsprotokolle betr. die Jagd von 1513, 1526, 1539, 1556, 1560, 1572, 12. Febr. 1580, 21. Febr., 23. März, 19. Nov. 1590, 18. Januar 1595, 7. und 16. Mai, 31. Okt. und 3. November 1597, 23. Juni 1692, 4. Juni 1695, 21. Juni 1706, 18. Juni und 23. August 1710, 3. Februar 1716, 10. März 1738, 11. Februar 1739, 21. August 1741, 31. Mai 1743, 24. Januar 1748, 19. August 1767, 17. August 1770, 17. August 1772. Solothurn 1883. 8.
<small>(Abgedruckt in «Die Jagd im Kanton Solothurn», herausgegeben vom solothurnischen Jagdschutzverein.)</small>

Jäger-Ordnung vom 14. August 1776. Solothurn, 1883. 6 S. 8.
<small>(Abgedruckt in «Die Jagd im Kanton Solothurn», herausgegeben vom solothurnischen Jagdschutzverein.)</small>

Verordnung vom 26. Herbstmonat 1803. Wegen der Jagd. Solothurn, 1883. 1 S. 8.
<small>(Abgedruckt in «Die Jagd im Kanton Solothurn», herausgegeben vom solothurnischen Jagdschutzverein.)</small>

— — vom 19. Christmonat 1803. Verboth wegen der Jagd. Solothurn. 1 S. 8.
<small>(Proklamationen, Beschlüsse, Gesetze und Verordnungen der Regierung des Kantons Solothurn. Bd. I, S. 345.)</small>

— — vom 8. Wintermonat 1803. Das Jagen an Sonn- und Feyertagen verbothen. Solothurn. 1 S. 8.
<small>(Proklamationen, Beschlüsse, Gesetze und Verordnungen der Regierung des Kantons Solothurn. Bd. I, S. 323.)</small>

Gesetz vom 28. May 1804, die Jagd belangend. 1 S. 8.

Verordnung vom 27. Juny 1806, betr. die Jagd. Solothurn, 1806. 5 S. 8.
<small>(Proklamationen, Beschlüsse, Gesetze und Verordnungen der Regierung des Kantons Solothurn. Bd. IV, S 44.)</small>

Jagd-Verordnung vom 3. August 1808. Solothurn, 1808. 9 S. 8.
<small>(Proklamationen, Beschlüsse, Gesetze und Verordnungen der Regierung des Kantons Solothurn. Bd. VI, S. 60.)</small>

Verordnung vom 8. Brachmonat 1810 betr. Einschränkung der Vogel- und Schnepfenjagd. Solothurn, 1810. 1 S. 8.
<small>(Proklamationen, Beschlüsse, Gesetze und Verordnungen der Regierung des Kantons Solothurn. Bd. VIII, S. 91.)</small>

Anhang. — Appendice. 43

Beschluss vom 10. Juli 1826 betr. Schuss- und Fanggelder von Raubthieren. Solothurn, 1826. 1 S. 8.
  (Proklamationen, Beschlüsse und Verordnungen der Regierung des Kantons Solothurn. Bd. XXIV, S. 41.)

Verordnung vom 16. July 1828 betr. Schussgeld von Elstern. Solothurn, 1828. 1 S. 8.
  (Proklamationen, Beschlüsse und Verordnungen der Regierung des Kantons Solothurn. Bd. XXVI, S. 32.)

— — über Schuss- und Fanggelder. Vom 7. Christmonat 1837. Solothurn. 1837. 1 S. 8.
  (Sammlung der Gesetze und Verordnungen für den eidg. Stand Solothurn. Bd. XXXV, S. 195.)

Jagdgesetz vom 10. Brachmonat 1840. 3 S. 8.
  (Amtliche Sammlung der Gesetze, Beschlüsse und Verordnungen für den Kanton Solothurn. Vom Jahr 1803/59. Bd. I, S. 115.)

Verordnung über das Fangen der Vögel und das Ausnehmen und Zerstören der Vogelnester. Vom 19. April 1843. Solothurn, 1843. 1 S. 8.
  (Sammlung der Gesetze und Verordnungen für den eidg. Stand Solothurn. Bd. XLI, S. 10.)

Jagdverordnung vom 25. Juli 1851. Solothurn 1851. ¹/₂ S. 8.
  (Sammlung der Gesetze und Verordnungen für den eidg. Stand Solothurn 1851. Bd. L, S. 84.)

Verordnung vom 6. August 1852 betr. Jagd auf Federwild. Solothurn, 1852. 1 S. 8.
  (Sammlung der Gesetze und Verordnungen für den eidg. Stand Solothurn. Bd. LI, S. 50.)

— — betr. Anfang und Taxe der Pürschjagd. ¹/₂ S. 8.
  (Amtliche Sammlung der Gesetze, Beschlüsse und Verordnungen für den Kanton Solothurn. Vom Jahr 1803/59. Bd. I, S. 118.)

Jagd-Gesetz vom 9. Febr. 1864. Jahrg. 1862/65. 3 S. 8.
  (Amtliche Sammlung der Gesetze und Verordnungen für den Kanton Solothurn. Bd. LV, S. 198.)

Vervollständigung des Jagdgesetzes vom 1. März 1865. Jahrg. 1862/65. ¹/₂ S. 8.
  (Amtliche Sammlung der Gesetze und Verordnungen für den Kanton Solothurn. Bd. LV, S. 257.)

*****Jagd-** und Vogelschutz. Vollziehungsverordnung zum Bundesgesetz. Vom 18. Mai 1876. Solothurn, 1884. 6 S. 8.
  (Amtliche Sammlung der in Kraft bestehenden Gesetze und Verordnungen für den Kanton Solothurn. Vom Jahre 1803—1883. Bd. I, S. 183.)

Basel-Stadt.

Bürsten- und Wildschiessen verboten. Vom 12. März 1600. 1 S. Fol. br.
  (Mandate I, VII. § 6, gedruckt.)

Hochwild Schiessen und Bürsten verboten. Vom 2. November 1616. Fol. br.
  (Mandate I, VII. § 6. Nr. 2, gedruckt.)

Bürsten innerhalb Einer verboten. Vom 30. Mai 1618. 1 S. Fol. br.
  (Mandate I, VII. § 6. Nr. 3, gedruckt.)

Holzfällen und *Jagen* im Breisachischen verboten. Vom 7. Mai 1642. 1 S. Fol. br.
  (Mandate I, VII. § 6. Nr. 4, gedruckt.)

Jagd-Ordnung. Vom 7./10. April 1728. 1 S. Fol. br.
  (Mandate I, VII. § 6. Nr. 5, gedruckt.)

— — Vom 19. August 1754. 1 S. Gr. fol.
  (Mandate I, VII. § 6. Nr. 6, gedruckt.)

— — Vom 4. Juli 1768. Gr. fol.
  (Mandate I, VII. § 6. Nr. 7, gedruckt.)

Jagd-Verordnung Vom 19. Juni 1775. Basel. 1 S. Gr. fol.
(Mandate XI. VIII. Nr. 26, gedruckt.)

Dekret über die verbotenen Jagdzeiten. Vom 5. Januar 1804. Basel, 1806. ½ S. 8.
(Sammlung der Gesetze und Beschlüsse des Kantons Basel. Bd. I. S. 208.)

— — wegen dem Fischen und *Jagen*. Vom 17. Juli 1805. Basel, 1806. 1 S. 8.
(Sammlung der Gesetze und Beschlüsse des Kantons Basel. Bd. I. S. 371.)

Jagdverbot, Erneuertes. Vom 17. September 1806. Basel, 1810. 1 S. 8.
(Sammlung der Gesetze und Beschlüsse des Kantons Basel. Bd. II. S. 103.)

Verordnung wegen dem Jagen. Vom 20. August 1808. Basel, 1810. 2 S. 8.
(Sammlung der Gesetze und Beschlüsse des Kantons Basel. Bd. II. S. 329.)

— — wegen dem Schussgeld für Raubthiere. Vom 5. April 1809. Basel, 1810. 1 S. 8.
(Sammlung der Gesetze und Beschlüsse des Kantons Basel. Bd. II. S. 407.)

Kundmachung wegen Eröffnung der Jagd. Vom 10. August 1811. Basel, 1814. 1 S. 8.
(Sammlung der Gesetze und Beschlüsse des Kantons Basel. Bd. III. S. 174.)

Gesetz wegen Ertheilung der Jagd-Patenten. Vom 20. Mai 1816. Basel, 1818. 2 S. 8.
(Sammlung der Gesetze und Beschlüsse des Kantons Basel. Bd. IV. S. 136.)

Verordnung E. E. kleinen Rathes über das Gesetz wegen Ertheilung der Jagd-Patenten. Vom 7. August 1816. Basel, 1818. 7 S. 8.
(Sammlung der Gesetze und Beschlüsse des Kantons Basel. Bd. IV. S. 138.)

Kundmachung in Betreff der Ausübung der Jagdbefugniss. Vom 1. Hornung 1834. Basel. 1838. 1 S. 8.
(Sammlung der Gesetze und Beschlüsse des Kantons Basel-Stadt. Bd. VIII. S. 126.)

Grossrathsbeschluss über Benutzung der Fischwaiden und Ausübung des Jagdrechtes. Vom 7. August 1834. Basel, 1838. 1 S. 8.
(Sammlung der Gesetze und Beschlüsse des Kantons Basel-Stadt. Bd. VIII. S. 287.)

Verordnung über das Jagen im Kanton Basel-Stadttheil. Vom 9. August 1834. Basel. 1837. 3 S. 8.
(Sammlung der Gesetze und Beschlüsse des Kantons Basel-Stadttheil. Bd. VIII. S. 288.)

Gesetz über Jagdverhältnisse. Vom 4. Juni 1860. Basel, 1864. 1 S. 8.
(Sammlung der Gesetze und Beschlüsse für den Kanton Basel-Stadt. Bd. XV. S. 65.)

Verordnung betr. Jagdverhältnisse. Vom 7. Juli 1860. Basel 1864. 3 S. 8.
(Sammlung der Gesetze und Beschlüsse für den Kanton Basel-Stadt. Bd. XV. S. 66.)

*****Gesetz** betr. Aufhebung des bestehenden Jagdgesetzes. Vom 4. Dezember 1876. Basel, 1879. 1 S. 8.
(Sammlung der Gesetze und Beschlüsse für den Kanton Basel-Stadt. Bd. XII. S. 228.)

*****Jagdverordnung** des Kantons Basel-Stadt. Vom 10. Februar 1877. Basel. 1879. 2 S. 8.
(Sammlung der Gesetze und Beschlüsse für den Kanton Basel-Stadt. Bd. XIX. S. 260.)

Baselland.

Verordnung betr. die Erlegung von Raubthieren und tollen Hunden. Vom 8. Januar 1848. Liestal. 2 S. 8.
(Gesetze, Verordnungen und Beschlüsse für den Kanton Basel-Landschaft. Bd. IV, S. 229.)

Gesetz betr. das Jagdwesen. Vom 11. April 1859. Liestal. 5 S. 8.
<small>(Gesetze, Verordnungen und Beschlüsse für den Kanton Basel-Landschaft. Bd. VIII, S. 3.)</small>
Verordnung zum Jagdgesetz, vom 11. April 1859. Vom 6. Juni 1860. Liestal. 4 S. 8.
<small>(Gesetze, Verordnungen und Beschlüsse für den Kanton Basel-Landschaft. Bd. VIII, S. 134.)</small>
Vollziehungsverordnung zum Bundesgesetz vom 17. September 1875 über Jagd und Vogelschutz. Vom 5. August 1876. Liestal, 1879. 9 S. 8.
<small>(Gesetzessammlung für den Kanton Basel-Landschaft. Bd. X, S. 624.)</small>
***Verordnung** betr. Vollzug des Bundesgesetzes vom 17. September 1875 über Jagd- und Vogelschutz. Vom 27. August 1892.

Schaffhausen.

Jagdverordnung vom 6. August 1810. Schaffhausen, 1812. 4 S. 12.
<small>(Offizielle Gesetzessammlung für den Kanton Schaffhausen. Heft V, S. 49.)</small>
Jagdordnung, Revidierte. Vom 25. Mai 1829. 5 S. 12.
<small>(Offizielle Gesetzessammlung des Kantons Schaffhausen. Heft VIII, S. 193.)</small>
Jagdverordnung, Revidierte, vom 11. März 1842. Schaffhausen, 1851. 4 S. 8.
<small>(Officielle Gesetzessammlung für den Kanton Schaffhausen. V. H. 1851, S. 153.)</small>
Straftarif für Jagdvergehen vom 17. Februar 1853. 1855. 2 S. 8.
<small>(Offizielle Gesetzessammlung für den Kanton Schaffhausen. Bd. I. N. F. S. 252.)</small>
Vollziehungsverordnung zum Bundesgesetz über Jagd- und Vogelschutz. Vom 20. Juli 1876. Schaffhausen, 1881. 6 S. 8.
<small>(Offizielle Gesetzessammlung. Neue Folge. Bd. VI, S. 47.)</small>
Bussentarif für Jagdfrevel. Vom 20. Juli 1876. Schaffhausen, 1881. 2 S. 8.
<small>(Offizielle Gesetzessammlung. Neue Folge. Bd. VI, S. 51.)</small>
***Vollziehungsverordnung** zum Bundesgesetz über Jagd- und Vogelschutz. Vom 3. Mai 1893. Schaffhausen. 10 S. 8.
<small>(Offizielle Sammlung der bestehenden Gesetze, Verordnungen und Verträge. Bd. IX, N. F. Heft I.)</small>

Appenzell A.-Rh.

Landbuch des Kantons Appenzell des Ausseren Rhoden. Vom Fischen und Jagen. Trogen, 1837. 1 S. 8.
Vollziehungsverordnung über Jagd- und Vogelschutz für den Kanton Appenzell A.-Rh. Vom 4. September 1876 und revidiert den 27. März 1882. Herisau, 1889. 7 S. 8.
<small>(Sammlung der im Kanton Appenzell A.-Rh. in Kraft bestehenden Verordnungen, Reglemente etc. S. 528.)</small>
Kantonsrathsbeschluss betr. Abänderung der Jagdordnung. Vom 22. November 1892. Herisau. 1 S. 8.
<small>(Amtliche Sammlung der Gesetze und Verordnungen des Kantons Appenzell A.-Rh. Bd. III. S. 216.)</small>
***Jagdverordnung** für den Kanton Appenzell A.-Rh. vom 15. Mai 1894. 10 S. 8.

Appenzell I.-Rh.

Verordnung betr. das Jagen. Vom 28. März 1867. 4 S. 8.

*Polizeiverordnung für den Kanton Appenzell I.-Rh. Vom 26. Wintermonat 1874, revidiert 4. Herbstmonat 1876. XI. Abschnitt. Jagdverordnung. Appenzell, 1877. 5 S. 8.

St. Gallen.

Jagd-Verordnung und Lösung der Jagd-Patente betreffend. Beschluss vom 6. August 1818. St. Gallen, 1817 u. 1818. 2 S. 8.
(Sammlung der Gesetze, Dekrete und Beschlüsse der Kleinen und Grossen Räthe des Kantons St. Gallen. Bd. I, Seite 351.)

Dekret vom 14. Juni 1821 die Jagdpatente betreffend. St. Gallen, 1821 bis 1827. 2 S. 8.
(Sammlung der Gesetze, Dekrete und Beschlüsse der Kleinen und Grossen Räthe des Kantons St. Gallen. Bd. III, S. 17.)

Gesetz über die Jagd. In Kraft getreten 9. August 1832. Erlassen 8. Juni 1832. St. Gallen, 1803—1839. 1 S. 8.
(Gesetzes-Sammlung des Kantons St. Gallen 1803—1839. Bd. II, S. 1159.)

Jagd-Gesetz vom 8. Juni 1832. St. Gallen, 1828—1832. 3 S. 8.
(Sammlung der Gesetze, Dekrete und Beschlüsse des Grossen und Kleinen Rathes des Kt. St. Gallen. Bd. IV, S. 494.)

Jagd-Verordnung vom 27. August 1832. St. Gallen, 1842. 2 S. 8.
(Gesetzes-Sammlung des Kantons St. Gallen 1803—1839. Bd. II, S. 1160.)

Gesetz über Einstellung der Hochwildjagd. Erlassen den 17. Juni 1836. In Kraft getreten am 18. August 1836. St. Gallen, 1835 bis 1837. 1 S. 8.
(Sammlung der Gesetze und Beschlüsse des Grossen und Kleinen Rathes des Kt. St. Gallen. Bd. VI, S. 225.)

Verordnung des Kleinen Rathes betreffend die Aufhebung des Schussgeldes für Raubvögel. Vom 4. Januar 1837. St. Gallen, 1842. ½ S. 8.
(Gesetzes-Sammlung des Kt. St. Gallen 1803—1839. Bd. II, S. 1162.)

Gesetz über die Hochwildjagd vom 16. Februar 1842. St. Gallen, 1840 bis 1842. 2 S.
(Sammlung der Gesetze und Beschlüsse des Grossen und Kleinen Rathes des Kt. St. Gallen. Bd. VIII, S. 281.)

Nachtrag zur Jagdverordnung vom 27. August 1832. Vom 29. August 1853. St. Gallen, 1853 u. 54. 2 S. 8.
(Sammlung der Gesetze und Beschlüsse des Grossen und Kleinen Rathes des Kt. St. Gallen. Bd. XII, S. 163.)

Gesetz über die Jagd vom 15. März 1861. St. Gallen, 1861—63. 7 S. 8.
(Sammlung der Gesetze und Beschlüsse des Grossen Rathes und Regierungsrathes des Kt. St. Gallen. Bd. XV, S. 11.)

Verordnung des Kleinen Rathes betreffend die Jagd. Vom 10. August 1861. St. Gallen, 1861—63. 2 S. 8.
(Sammlung der Gesetze und Beschlüsse des Grossen Rathes und Regierungsrathes des Kt. St. Gallen. Bd. XV, S. 99.)

— — betreffend den Jagdbann in den Bezirken Werdenberg, Sargans, Gaster und Obertoggenburg. Vom 19. August 1864. St. Gallen, 1864—1866. 1 S. 8.
(Sammlung der Gesetze und Beschlüsse des Grossen Rathes und des Regierungsrathes des Kt. St. Gallen. Bd. XVI, S. 99.)

Konkordat betreffend die Einführung eines gemeinschaftlichen Jagdbannes auf Gemsen und Rehe. Vom 28. Juni 1866. St. Gallen, 1864—66. 1 S. 8.
(Sammlung der Gesetze und Beschlüsse des Grossen Rathes und Regierungsrathes des Kt. St. Gallen. Bd. XVI, S. 992.)

Verordnung betreffend den Jagdbann in den Bezirken Werdenberg, Sarganns, Gaster und Oberloggenburg. Vom 11. April 1867. St. Gallen, 1867 u. 68. 2 S. 8.
    (Sammlung der Gesetze und Beschlüsse des Grossen Rathes und Regierungsrathes des Kt. St. Gallen. Bd. XVII, S. 42.)

Nachtragsgesetz betreffend die Jagd. Vom 28. März 1868. St. Gallen, 1867 u. 68. 2 S. 8.
    (Sammlung der Gesetze und Beschlüsse des Grossen Rathes und Regierungsrathes des Kt. St. Gallen. Bd. XVII, S. 515.)

Gesetz betreffend die Hühnerjagd. Vom 6. Juni 1868. St. Gallen, 1867 u. 68. 1 S. 8.
    (Sammlung der Gesetze und Beschlüsse des Grossen Rathes und Regierungsrathes des Kt. St. Gallen. Bd. XVII, S. 538.)

Konkordat betreffend die Einführung gemeinschaftlicher offener Jagdzeit und zeitweisen gemeinschaftlichen Jagdbannes auf Gemsen, Rehe, Hirschen und Murmelthiere. Vom 18. Februar 1868. St. Gallen, 1867 u. 68. 2 S. 8.
    (Sammlung der Gesetze und Beschlüsse des Grossen Rathes und Regierungsrathes des Kantons St. Gallen. Bd. XVII, S. 540.)

Verordnung betr. den Jagdbann im Bezirk Oberrheinthal. Vom 28. Mai 1869. St. Gallen, 1869/72. 1 S. 8.
    (Gesetzessammlung des Kt. St. Gallen. Bd. I n. F., S. 9.)

— — betr. den Jagdbann im Bezirke Oberrheinthal. Vom 19. Augstmonat 1870. St. Gallen, 1869/72. 1 S. 8.
    (Gesetzessammlung des Kt. St. Gallen. Bd. I, n. F., S. 255.)

— — betr. die Aussetzung von Schussgeldern auf schädliche Vögel. Vom 20. Augstmonat 1870. St. Gallen, 1869/72. 1 S. 8.
    (Gesetzessammlung des Kantons St. Gallen. Bd. I, n. F., S. 256.)

— — betr. Feilbieten und Verkauf von landwirthschaftlich nützlichen Vögeln im Kanton St. Gallen. Vom 15. Februar 1871. 2 S. 8.

— — betr. den Jagdbann im Bezirke Oberrheinthal. Vom 11. Augstmonat 1871. St. Gallen, 1869/72. 1 S. 8.
    (Gesetzessammlung des Kt. St. Gallen. Bd. I, n. F., S. 389.)

— — betr. den Jagdbann im Bezirke Werdenberg. Vom 26. Heumonat 1872. St. Gallen, 1869/72. 1 S. 8.
    (Gesetzessammlung des Kt. St. Gallen. Bd. I, n. F., S. 476.)

Gesetz betr. Aufhebung der bestehenden Jagdgesetze. Vom 8. Juni 1876. St. Gallen, 1876—81.
    (Gesetzessammlung. Neue Folge. Bd. III, S. 9.)

Vollzugsverordnung zum Bundesgesetz über Jagd- und Vogelschutz für den Kanton St. Gallen. Vom 25. Juli 1876. St. Gallen, 1876 bis 81. 7 S. 8.
    (Gesetzessammlung. N. F. Bd. III, S. 10.)

Verordnung betreffend Jagd und Vogelschutz. Vom 1. August 1877. St. Gallen, 1876—81. 1 S. 8.
    (Gesetzessammlung. N. F. Bd. III, S. 118.)

— — betr. die Abänderung der kantonalen Vollzugsverordnung zum Bundesgesetz über Jagd und Vogelschutz. Vom 26. Juli 1880. 1 S. 8.
    (Gesetzessammlung. N. F. Bd. III, S. 273.)

— — betr. Abänderung der kantonalen Vollzugsverordnung zum Bundesgesetz über Jagd und Vogelschutz. Vom 15. Juli 1881. St. Gallen, 1876—81. 1 S. 8.
    (Gesetzessammlung. N. F. Bd. III, S. 315.)

— — betr. Jagd und Vogelschutz. Vom 27. Juli 1883. St. Gallen, 1882—85. 1 S. 8.
    (Gesetzessammlung. N. F. Bd. IV, S. 118.)

*Vollzugsverordnung zum Bundesgesetz über Jagd und Vogelschutz für den Kanton St. Gallen. Vom 11. Juli 1884. St. Gallen, 1882 bis 85. 8 S. 8.
(Gesetzessammlung. N. F. Bd. IV, S. 191.)

*Nachtragsverordnung vom 16./27. Mai 1890 zum Bundesgesetz über Jagd und Vogelschutz für den Kanton St. Gallen. 2 S. 8.
(Gesetzessammlung. N. F. Bd. V, S. 494.)

* — — zum Bundesgesetz über Jagd und Vogelschutz für den Kanton St. Gallen. Vom 13. Oktober 1892. St. Gallen. 2 S. 8.
(Gesetzessammlung. N. F. Bd. VI, S. 256.)

*Nachtrag zur kantonalen Vollzugsverordnung zum Bundesgesetz über Jagd und Vogelschutz. Vom 28. Dezember 1894.

Graubünden.

Taxa der Bären, so geschossen werden. 25. Juni 1585.
(Rathsprotokoll der Stadt Chur. Bd. 1582–1690, S. 38.)

Verbot der Erlegung von Steinböcken, der Jagd auf Gemsen und Federwild vom Januar bis St. Johanns Tag. (Abschied vom 8. Oktober 1612.)
(Register über Sachen die Löbl. Gemeine Lande betreffen. S. 209.)

Vom Bahn des Wildprets.
(In Statutar-Rechte des Obern Bundes 1633.)

Von Wölfen, Lüchsen, Bären und andern schädlichen Tieren.
(In Statutar-Rechte des Obern Bundes 1633.)

Verbot der Erlegung von Gewild vor S. Jakobs Tag (15. Juli). Vom 12. April 1634.
(Register über Sachen die Löbl. Gemeine Lande betreffen. S. 210.)

Verbot, von eingehenden Merzen bis Jacobi keinerlei Wild zu fahen zu schiessen. 1634. 12./22. April.
(Register über Sache die Löbl. Gemeine Lande betreffen. S. 53.)

— — des Schiessens von keinerley Gewild vor Jacobi, vom 7./17. April 1638.
(Register über Sache die Löbl. Gemeine Lande betreffen. S. 62.)

Gejegts-Ordnung vom 9./10. Juli 1646.
(Landbuch der Landschaft und Hochgerichts-Gemeinde Davos.)

Abschuss von Murmeltieren 1646.
(Landbuch der Landschaft und Hochgerichts-Gemeinde Davos.)

Bär oder Wolf schiessen oder fahen 1646.
(Landbuch der Landschaft und Hochgerichts-Gemeinde Davos.)

Verbot des Schiessens und Jagens von Gewild in den Monaten Merz, April, Mai und Juni, vom 16. Juli 1667.
(Register über Sachen die Löbl. Gemeine Lande betreffen. S. 74.)

Jäger-Ordnung der Landschaft und Hochgerichts-Gemeinde Davos, 1695. 3 S. 8.
(Abgedruckt in Schweiz. Jagd- und Sportzeitung. Zürich, 1891. Bd. I, S. 243.)

Verbot der Erlegung von Wild oder Geflügel von eingehendem April bis Zeit Jakobi, dessgleichen keinerlei Geflügel zu kaufen um ausser Landes zu schicken. Vom 5. September 1696.
(Register über Sachen die Löbl. Gemeine Lande betreffen. S. 97.)

Erneuerung dieses Verbotes mit einem Anhang wegen den frömden Jägern. Vom 21. August 1717.
(Register über Sachen die Löbl. Gemeine Lande betreffen. S. 122.)

Mandat, Das, von 1717 confirmiert. 9./20. Februar 1718.
(Register über Sachen die Löbl. Gemeine Lande betreffen. S. 124.)

Bestätigung des Jagdverbotes, die ausländischen Jäger vogelfrei erklärt. 28. Februar 1745.
(Register über Sachen die Löbl. Gemeine Lande betreffen. S. 153.)

Mandat, Das, von 1718 wird confirmiert und per extensum ausgeschrieben, den 22. Februar 1759.
(Register über Sachen die Löbl. Gemeine Lande betreffen. S. 167.)

Jäger, Die frömde, sollen nicht geduldet werden. 4./15. September 1764.
(Register über Sachen die Löbl. Gemeine Lande betreffen. S. 177.)

Schussgeld für reissende Thiere, 1800.
(Landbuch Davos, Nachtrag.)

Verbot der Sonntagsjagd, der Erlegung kleiner Vögel, Schussgeld für Raubvögel. 4. März 1805.
(Mandatbuch der Stadt Chur. S. 233.)

Mandat des Kleinen Rathes an das Volk vom 16. Juli 1805.

Zusätze zum Jagdmandat. Beschluss des Grossen Rathes vom 16. Mai 1812.

Jagdgesetz. Abschied des Grossen Rathes vom 11. Juli 1827. Chur, 1829. 4 S. 8.
(Amtl. Gesetzessammlung für den eidg. Stand Graubünden. Bd. I., V. Heft, S. 99.)

Beschluss des Grossen Rathes von 1828 betr. Abgabe von Jagdpatenten an im Kanton angesessene Nichtbündner.

Modifikation des Jagdgesetzes betreff des Fallenlegens. Beschluss des Grossen Rathes vom 17. Juli 1830.

Verordnung betreff des Jagdwesens vom Jahr 1833.

Vom Gewild schiessen.
(Landbuch des Hochgerichtes Klosters. Chur, 1833. S. 91.)

Jagdgesetz des Kantons Graubünden vom Jahr 1835. Chur, 1840. 7 S. 8.
(Amtliche Gesetzessammlung, Bd. III, S. 221.)

Veränderte Bestimmung der Jagdzeit. Ausschreiben vom 12. August 1840. Chur, 1846. 1 S. 12.
(Supplemente zur amtlichen Gesetzessammlung des eidgen. Standes Graubünden. II. Supplementband, S. 35.)

Verbot der Jagd auf Hirsche. Grossrathsabschied vom 12. März 1841. Chur, 1842. 1 S. 12.
(Supplemente zur amtlichen Gesetzessammlung für den eidg. Stand Graubünden. I. Supplementheft, S. 91.)

Beschluss des Grossen Rathes vom 18. Juni 1845.

Abänderungen, Neueste, und Erweiterungen des bestehenden Jagdgesetzes. Anhang zum Grossrathsabschied vom 6. März 1846. Chur, 1846. 1 S. 12.
(Supplemente zur amtl. Gesetzessammlung für den eidg. Stand Graubünden. II. Supplementband, S. 34.)

Veränderung der Jagdzeit. Beschluss des Grossen Rathes vom 15. Juni 1850.

Schussgelder für schädliche Raubthiere. Beschluss des Grossen Rathes vom 20. Oktober 1853.

Verbot der Hirschjagd vom 28. Oktober 1853. Chur, 1860. 1 S. 8.
(Amtliche Gesetzessammlung des Kantons Graubünden. Bd. I, S. 419.)

Jagd, Offene, und Schonzeit. Vom 10. August 1860. Chur, 1867. 2 S. 8.
(Amtliche Gesetzessammlung des Kantons Graubünden. Bd. III, S. 192.)

Jagdgesetz. Chur, 1867. 2 S. 8.
(Amtliche Gesetzessammlung des Kantons Graubünden. Bd. III, S. 190.)

Abschied vom 22. Juni 1861. Chur, 1867. 1 S. 8.
(Amtl. Gesetzessammlung des Kantons Graubünden. Bd. III, S. 194.)

Aufhebung der Schussgelder für Raubthiere vom 4. Juni 1862. Chur, 1867. 1 S. 8.
(Amtl. Gesetzessammlung des Kantons Graubünden. Bd. III, S. 196.)

Gesetz das Verbot der Hirsch- und Rehjagd betreffend. Abschied vom 23. Juni 1866. Chur, 1867. 1 S. 8.
(Amtl. Gesetzessammlung des Kantons Graubünden. Bd. III, S. 196.)

***Jagdgesetz,** Revidiertes. Abschied vom 30. Juni 1877 und 11. Dezember 1877. Chur, 1880. 9 S. 8.
(Amtl. Gesetzessammlung des Kantons Graubünden. Bd. IV, S. 293.)

***Ausführungsbestimmungen,** Kantonale, zum Jagdgesetz. Vom 10. Mai 1878. Chur, 1880. 2 S. 8.
(Amtl. Gesetzessammlung des Kantons Graubünden. Bd. IV, S. 302.)

Aargau.

Forst- und Jagdordnung für Kadelburg von 1723. 8.
(Argovia. Bd. IV, S. 153.)

Jagdordnung für die oberen Freien Aemter im Aargau von 1765. Genève, 1896. 1½ S. 4.
(Diana. Bd. XIV, S. 128.)

Gesetz über die Jagd vom 6. Brachmonat 1828. Aarau, 1826. 2 S. 8.
(Sammlung der Gesetze und Verordnungen des Kt. Aargau. Bd. IV, S. 167.)

Verordnung vom 10. April 1829 betr. Verpachtung der Jagd. Aarau, 1826. 4 S. 8.
(Sammlung der Gesetze und Verord. des Kt. Aargau. Bd. IV, S. 170.)

Gesetz betreffend die Verwaltung des Jagdregals vom 3. Herbstmonat 1835. Aarau, 1831. 5 S. 8.
(Neue Sammlung der Gesetze und Verord. des Kt. Aarau. Bd. II, S. 62.)

— — betreffend das Jagdwesen vom 4. Herbstmonat 1838. Aarau, 1831. 5 S. 8.
(Neue Sammlung der Gesetze und Verord. des Kt. Aargau. Bd. II, S. 396.)

Vollziehungsverordnung zum Jagdgesetz vom 13. September 1838. Aarau, 1831. 3 S. 8.
(Neue Sammlung der Gesetze und Verord. des Kt. Aargau. Bd. II, S. 401.)

Gesetz vom 29. Christmonat 1849 betr. Abänderung und Erweiterung des Jagdgesetzes vom 4. Herbstmonat 1838. Aarau, 1848. 1 S. 8.
(Gesetzessammlung für den Kt. Aargau. Bd. III, S. 623.)

Vollziehungsverordnung vom 18. Hornung 1850 zum Gesetz vom 29. Christmonat 1849 betr. das Jagdwesen. Aarau, 1848. 1 S. 8.
(Gesetzessammlung für den Kt. Aargau. Bd. III, S. 625.)

Zusammenstellung der noch gültigen gesetzlichen Bestimmungen über das Jagdwesen vom 20. Mai 1874. Aarau, 1876. 5 S. 8.
(Gesetzessammlung für den Kanton Aargau. Bd. VII, S. 499.)

Vollziehungsverordnung zur Zusammenstellung der noch gültigen gesetzlichen Bestimmungen über das Jagdwesen vom 20. Mai 1874, vom 29. Mai 1874. Aarau. 1876. 3 S. 8.
(Gesetzessammlung für den Kt. Aargau. Bd. VII, S. 504.)

Vollziehungsverordnung des aarg. Regierungsrathes zum Bundesgesetz über Jagd und Vogelschutz. Vom 4. Aug. 1876. Brugg, 1886. 5 S. 8.
(Gesetzessammlung für den Kt. Aargau. Bd. VIII, S. 258.)

Verfassungs-Revision. Stenographischer Bericht über die Verhandlungen des Verfassungsrathes 1884—85. Jagd betr. Aarau. 23 S. 4.
(S. 717—731, 945—47, 1057—1061.)

Verordnung des Grossen Rathes betreffend die Vergütung von Wildschäden. Vom 29. März 1886. Brugg, 1888. 2 S. 8.
(Gesetzessammlung für den eidg. Kt. Aargau. Bd. II, n. F., S. 149.)

Vollziehungs-Verordnung des Regierungsrathes zu der grossräthlichen Verordnung betreffend Vergütung von Wildschaden. Vom 22. Mai 1886. Brugg, 1888. 3 S. 8.
(Gesetzessammlung für den eidg. Kt. Aargau. Bd. II, n. F., S. 151.)

***Gesetz** über das Jagdwesen. Vom 23. Februar 1897. 7 S. 8.
(Gesetzessammlung für den eidg. Kt. Aargau.)

Thurgau.

Auszug aus dem Dekret des Kleinen Rathes vom 5. August 1805 betr. die Jagdpolizey. 1830. 2 S. 8.
(Sammlung der Gesetze und Verordnungen für den Kanton Thurgau. S. 111.)

Jagd-Gesetz vom 17. Brachmonat 1833. Frauenfeld, 1833. 2 S.
(Kantonsblatt des eidg. Standes Thurgau. Bd. II, S. 58.)

Uebereinkunft mit der Regierung des Hohen Standes Zürich über die Festsetzung der Jagdverhältnisse auf der gemeinschaftlichen Gränze. Vom 13. Juli 1833. Frauenfeld, 1833. 1 S. 8.
(Kantonsblatt des eidg. Standes Thurgau. Bd. II, S. 61.)

Gesetz betreffend das Jagdwesen vom 3. Juni 1862. Frauenfeld, 1866. 4 S. 8.
(Gesetzessammlung für den Kanton Thurgau. Bd. IV, S. 191.)

***Verordnung** des Regierungsrathes zum Bundesgesetz vom 17. September 1875 über Jagd und Vogelschutz. Genehmigt vom Grossen Rath am 23. Mai 1876. Frauenfeld, 1877. 4 S. 8.
(Neue Gesetzessammlung für den Kt. Thurgau. Bd. II, S. 320.)

***Beschluss** des Regierungsrathes betr. Abänderung des § 17 der kantonalen Jagdverordnung vom 23. Mai 1876. Vom 8. Christmonat 1882. Frauenfeld, 1885. 1 S. 8.
(Neue Gesetzessammlung für den Kanton Thurgau. Jahrg. 1881/84 Bd. IV, S. 445.)

Tessin.

Legge sulla caccia. 7 Giugno 1803. Lugano, 1808. 2 p. 12.
(Bullettino officiale del Cantone Ticino. Vol. I, pag. 57.)

Cambiamenti alla legge sulla Caccia. 22 Maggio 1804. Lugano, 1808. 3 p. 12.
(Bullettino officiale del Cantone Ticino. Vol. I, pag. 176.)

Legge sulla Caccia. 4 Giugno 1807. Lugano, 1808. 4 p. 12.
(Bullettino officiale del Cantone Ticino. Vol. II, pag. 230. 1805/06.)

Premio per l'uccisione delle bestie feroci. Decreto del' 16 Maggio 1808. Lugano, 1826. 1 p. 8.
(Compendio della prima serie del Bullettino officiale del Cantone Ticino. pag. 116. 1818/19.)

Legge sulla Caccia. 28. Giugno 1818. Lugano, 1820. 6 p. 12.
(Bullettino officiale della Republica e Cantone del Ticino. Vol. IX, pag. 16.)

Articoli addizionali alla Legge sulla caccia. 18 Giugno 1819. 1 p. 12.
(Bullettino officiale della Republica e Cantone del Ticino. Vol. IX, pag. 86. 1818|19.)

Custodia dei Cani da Caccia. 6 Luglio 1819. Lugano, 1820. 2 p. 12.
(Bullettino officiale della Republica e Cantone del Ticino. Vol. IX, pag. 92. 1818/19.)

Patente di Caccia dei forestieri. Circolare. 20 Luglio 1822. Lugano, 1823. 1½ p. 12.
(Bullettino officiale della Republica e Cantone del Ticino. Vol. X, pag. 152. 1820/22.)

Ricordo alle Municipalità e Giudici di Pace pell'osservanza della legge sulla caccia. Circolare. 30 Luglio 1823. Lugano, 826. 2 p. 12.
(Bullettino officiale della Republica e Cantone del Ticino. Vol. XI, pag. 80. 1823/25.)

Legge sulla Caccia dei Camosci e delle Volpi. 3 Luglio 1827. Lugano, 1829. 2 p. 12.
(Bullettino officiale della Republica e Cantone del Ticino. Vol. XII, pag. 39. 1826/28.)

Spiegazioni alle leggi sulla caccia. 7 Luglio 1831. Lugano, 1832. 3 p. 8.
(Bullettino officiale della Republica e Cantone del Ticino. Vol. XIV, pag. 174. 1830/32.)

— — nel rilascio degli attestati per uccisione di bestie feroci. 21 Marzo 1832. Lugano, 1832. 2 p. 8.
(Bullettino officiale della Republica e Cantone del Ticino. Vol. XIV, pag. 335. 1830/32.)

Si raccomanda ai Commissari, Giudici di Pace, e Municipalità l'osservanza dei regolamenti sulla Caccia. 18 Luglio 1833. Bellinzona, 1835. 4 p. 8.
(Bullettino officiale della Republica e Cantone del Ticino. Vol. LV, pag. 88. 1832/35.)

Decreto che aumenta il premio per l'uccisione d'un Lupo. 16 Maggio 1838. Bellinzona, 1838. 1 p. 8.
(Bullettino officiale della Republica e Cantone del Ticino. Vol. XVI, pag. 314. 1835/38.)

Legge sulla Caccia. 29 Maggio 1841. Locarno, 1843. 13 p.
(Bullettino officiale della Republica e Cantone del Ticino. Vol. XVIII, pag. 85. 1841/43.)

Regolamento sulla caccia. 15 Agosto 1841. Lugano, 1845. 3 p. 8.
(Bullettino officiale della Republica e Cantone del Ticino. Vol. XX, pag. 144. 1844.)

Legge sulla Caccia. 9 Giugno 1849. Lugano, 1849. 14 p. 8.
(Bullettino officiale della Republica e Cantone del Ticino. Vol. XXV, pag. 93. 1849.)

Regolamento risguardante la legge sulla caccia. 19 Dicembre 1849. Lugano, 1849. 3 p. 8.
(Bullettino officiale della Republica e Cantone del Ticino. Vol. XXV, pag. 175. 1849.)

Legge sull'uccisione delle bestie feroci. 22 Gennaio 1851. Bellinzona, 1852. 2 p. 8.
(Bullettino officiale della Republica e Cantone del Ticino. Vol. XXVII, pag. 16. 1851.)

Riforma della legge sulla caccia. 23 Gennaio 1851. Bellinzona, 1852. 3 p. 8.
(Bullettino officiale della Republica e Cantone del Ticino. Vol. XXVII, pag. 22. 1851.)

Applicazioni di vari articoli delle leggi sulla caccia. 28 Luglio 1854. Bellinzona, 1855. 1 p. 8.
(Bullettino officiale della Republica e Cantone del Ticino. Vol. XXX, pag. 136. 1854.)

Nuove Modificazioni delle leggi sulla caccia. Legge 23 Novembre 1860. 8.
    (Bullettino officiale della Republica e Cantone del Ticino. Vol. XXXVI. pag. 44. 1860.)

Discipline esecutive sulla caccia. Decreto 11 Ottobre 1873. Bellinzona, 1874. 1 p. 8.
    (Bullettino officiale della Republica e Cantone del Ticino. Vol. XLVIII, pag. 94. 1873/74.)

*****Regolamento** sulla caccia. 28 Luglio 1876. Locarno, 1876. 6 p. 8.
    (Raccolta officiale delle leggi e degli atti esecutivi della Republica e Cantone del Ticino. Nuova Serie II, pag. 199. 1876.)

*****Ordinanza** esecutiva per i distretti franchi, stabiliti a sensi della legge federale 17 Settembre 1875, sopra la caccia e protezione degli uccelli 30 Agosto 1876. Locarno, 1876. 3 p. 8.
    (Raccolta officiale delle leggi e degli atti esecutivi della Republica e Cantone del Ticino. Nuova Serie II, pag. 224. 1876.)

*****Regolamento** per la caccia dei palmipedi sui laghi 14 Dicembre 1876. Locarno, 1876. 1 p. 8.
    (Raccolta officiale delle leggi e atti esecutivi della Republica e Cantone del Ticino. Nuova Serie II, pag. 269. 1876.)

*****Abrogazione** dell' art. 16 del Regolamento 28 Luglio 1876 sulla caccia. 24 Aprile 1879. Locarno, 1879. 1 p. 8.
    (Raccolta officiale delle leggi e degli atti esecutivi della Republica e Cantone del Ticino. Nuova Serie V, pag. 55. 1879.)

La caccia dei palmipedi è permessa a tutto Marzo 1880. 1 Dicembre 1879. Locarno, 1879. ½ p. 8.
    (Raccolta officiale delle leggi e degli atti esecutivi della Republica e Cantone del Ticino. Nuova Serie V, pag. 260. 1879.)

*****Decreto** abolente la disposizione della lettera d, art. 6 del regolamento sulla caccia. 15 Maggio 1885. Bellinzona, 1885. 1 p. 8.
    (Raccolta officiale delle leggi e degli atti esecutivi della Republica e Cantone del Ticino. Nuova Serie XI, pag. 119. 1885.)

Vaud.

IX. Titre. De la chasse, du gibier et de la pêche. Berne, 1616. 3 p. 4.
    (Les lois et statuts du Pays de Vaud, page 271.)

IX. Titul. Von Jagen, Fäderspil und Fischfang. Bern, 1616. 3 S. 8.
    (Der Landschaft Waadt Satzungen und Statuten. S. 270.)

Arrêté du 7 Janvier 1804. Défense relative à la chasse. Lausanne, 1804. 1 p. 8.
    (Recueil des lois, décrets et autres actes du Gouvernement du Canton de Vaud. Vol. II, page 11.)

— — du 5 décembre 1804, rappelant les dispositions de la loi contre ceux qui chassent sans permis. Lausanne, 1804. 2 p. 8.
    (Recueil des lois, décrets et autres actes du Gouvernement du Canton de Vaud. Vol. II, page 207.)

Loi du 4 juin 1805 sur la chasse. Lausanne, 1805. 6 p. 8.
    (Recueil des lois, décrets et autres actes du Gouvernement du Canton de Vaud. Vol. III, page 97.)

— — du 6 juin 1809 touchant la chasse au gibier de passage sur les marais et les lacs. Lausanne, 1808 et 1809. 2 p. 8.
    (Recueil des lois, décrets et autres actes du Gouvernement du Canton de Vaud. Vol. VI, page 145.)

Décret du 6 juin 1811 sur la chasse des oiseaux de passage. Lausanne, 1811. 2 p. 8.
    (Recueil des lois, décrets et autres actes du Gouvernement du Canton de Vaud. Vol. VIII, page 167.)

Décret du 24 décembre 1840, qui défend la chasse au filet. Lausanne, 1840. 3 p. 8.
  (Recueil des lois, décrets et autres actes du Gouvernement du Canton de Vaud. Vol. XXXVII, page 235. Année 1840.)

— — du 24 mai 1844 qui maintient la défense de chasser au filet. Lausanne, 1844. 2 p. 8.
  (Recueil des lois, décrets et autres actes du Gouvernement du Canton de Vaud. Vol. XLI, page 55. Année 1844.)

Circulaire du 12 novembre 1844. Instructions pour l'application, dans certains cas, de la loi du 4 juin 1805, sur la chasse. Lausanne, 1844. 4 p. 8.
  (Recueil des lois, décrets et autres actes du Gouvernement du Canton de Vaud. Vol. XLI, page 165. Année 1844.)

Règlement complémentaire concernant la pêche et la chasse sur le lac de Morat du 29 août 1851, 15 octobre 1851. Lausanne, 1851. 12 p. 8.
  (Recueil des lois, décrets et autres actes du Gouvernement du Canton de Vaud. Vol. XLVIII, page 581. Année 1841.)

— — du 18 septembre 1849 pour la chasse sur le lac de Morat. Lausanne, 1851. 6 p. 8.
  (Recueil des lois, décrets et autres actes du Gouvernement du Canton de Vaud. Vol. XLVIII, page 611. Année 1851.)

Adjonction du 30 avril 1852 au règlement du 18 septembre 1849 et au règlement complémentaire du 29 août 1851, concernant la pêche et la chasse sur le lac de Morat. Lausanne, 1852. 2 p. 8.
  (Recueil des lois, décrets et autres actes du Gouvernement du Canton de Vaud. Vol. XLIX, page 79. Année 1852.)

Décret du 26 mai 1862, interdisant la chasse au filet et la destruction ainsi que la vente des petits oiseaux. Lausanne, 1862. 3 p. 8.
  (Recueil des lois, décrets, arrêtés et autres actes du Gouvernement du Canton de Vaud. Vol. LIX, page 220. Année 1862.)

Arrêté du 29 août 1862, déterminant les limites dans lesquelles la chasse des oiseaux de passage est permise. Lausanne, 1862. 2 p. 8.
  (Recueil des lois, décrets, arrêtés et autres actes du Gouvernement du Canton de Vaud. Vol. LIX, page 407. Année 1862.)

Décret du 19 décembre 1862 sur la chasse. Lausanne, 1862. 5 p. 8.
  (Recueil des lois, décrets, arrêtés et autres actes du Gouvernement du Canton de Vaud. Vol. LIX, page 655. Année 1862.)

Convention entre Fribourg et Vaud sur l'exercice de la chasse, du 9/10 mai 1864. Lausanne, 1864. 3 p. 8.
  (Recueil des lois, décrets, arrêtés et autres actes du Gouvernement du Canton de Vaud. Vol. LXI, page 287. Année 1864.)

Loi du 2 décembre 1868 sur la chasse. Lausanne, 1869. 12 p. 8.
  (Recueil des lois, décrets, arrêtés et autres actes du Gouvernement du Canton de Vaud. Vol. LXV, page 367. Année 1868.)

Décret du 27 janvier 1869, fixant le prix des permis de chasse aux oiseaux de passage. Lausanne, 1870. 2 p. 8.
  (Recueil des lois, décrets, arrêtés et autres actes du Gouvernement du Canton de Vaud. Vol. LXVI, page 122. Année 1869.)

Convention du 10 juillet 1869 entre les Etats de Vaud et de Neuchâtel pour l'exercice de la chasse. Lausanne, 1870. 3 p. 8.
  (Recueil des lois, décrets, arrêtés et autres actes du Gouvernement du Canton de Vaud. Vol. LXVI, page 513. Année 1869.)

Arrêté du 5 octobre 1869 sur la chasse des animaux nuisibles et dangereux. Lausanne, 1870. 1 p. 8.
  (Recueil des lois, décrets, arrêtés et autres actes du Gouvernement du Canton de Vaud. Vol. LXVI, pages 681. Année 1869.)

Arrêté du 9 septembre 1870, assimilant les étourneaux aux oiseaux de passage dont la chasse est permise conformément à la loi du 2 décembre 1868. Lausanne, 1871. 2 p. 8.
(Recueil des lois, décrets, arrêtés et autres actes du Gouvernement du Canton de Vaud. Vol. LXVII, page 278. Année 1870.)

*****Loi** du 1er juin 1876 sur la chasse. Lausanne, 1876. 13 p. 8.
(Recueil des lois, décrets, arrêtés et autres actes du Gouvernement du Canton de Vaud. Vol. LXXIII, page 263. Année 1876.)

Règlement du 7/29 août 1876 pour la chasse sur le lac de Morat. Lausanne, 1876. 6 p. 8.
(Recueil des lois, décrets, arrêtés et autres actes du Gouvernement du Canton de Vaud. Vol. LXXIII, pages 298. Année 1876.)

*****Loi** du 30 novembre 1876 complétant les dispositions de l'article 139 du code pénal et celles des lois fédérale et cantonale sur la chasse, en ce qui concerne la protection des animaux. Lausanne, 1876. 4 p. 8.
(Recueil des lois, décrets, arrêtés et autres actes du Gouvernement du Canton de Vaud. Vol. LXXIII, page 453. Année 1876.)

Décret du 21 mai 1877 interdisant la chasse du chevreuil. Lausanne, 1878. 1 p. 8.
(Recueil des lois, décrets, arrêtés et autres actes du Gouvernement du Canton de Vaud. Vol. LXXIV, pages 160. Année 1877.)

— — du 26 novembre 1877 modifiant les art. 18 et 16 de la loi du 1er juin 1876 sur la chasse. Lausanne, 1878. 2 p. 8.
(Recueil des lois, décrets, arrêtés et autres actes du Gouvernement du Canton de Vaud. Vol. LXXIV, page 387. Année 1877.)

Arrêté du 25 janvier 1881 autorisant la chasse du printemps. Lausanne, 1882. 2 p. 8.
(Recueil des lois, décrets, arrêtés et autres actes du Gouvernement du Canton de Vaud. Vol. LXXVIII, page 29. Année 1881.)

Décret du 21 janvier 1882, interdisant la chasse au chevreuil. Lausanne, 1883. 1 p. 8.
(Recueil des lois, décrets, arrêtés et autres actes du Gouvernement du Canton de Vaud. Vol. LXXIX, page 70. Année 1882.)

Arrêté du 27 janvier 1882, autorisant la chasse du printemps. Lausanne, 1883. 3 p. 8.
(Recueil des lois, décrets, arrêtés et autres actes du Gouvernement du Canton de Vaud. Vol. LXXIX, pages 106. Année 1882.)

Décret du 14 mai 1884 interdisant la chasse au chevreuil. Lausanne, 1885. 1 p. 8.
(Recueil des lois, décrets, arrêtés et autres actes du Gouvernement du Canton de Vaud. Vol. LXXXI, page 100. Année 1884.)

— — du 28 août 1884 interdisant la chasse à la perdrix. Lausanne, 1885. 1 p. 8.
(Recueil des lois, décrets, arrêtés et autres actes du Gouvernement du Canton de Vaud. Vol. LXXXI, page 309. Année 1884.)

Arrêté du 11 août 1886 interdisant la chasse au chevreuil. Lausanne, 1887. 1 p. 8.
(Recueil des lois, décrets, arrêtés et autres actes du Gouvernement du Canton de Vaud. Vol. LXXXIII, page 512. Année 1886.)

— — du 7 janvier 1890 concernant la chasse au renard en janvier et février 1890. Lausanne, 1890. 3 p. 8.
(Recueil des lois, décrets, arrêtés et autres actes du Gouvernement du Canton de Vaud. Vol. LXXXVII, page 5. Année 1890.)

— — du 22 août 1893 concernant l'ouverture de la chasse dans le Canton de Vaud en 1893. Lausanne, 1893. 7 p. 8.
(Recueil des lois et décrets du Gouvernement du Canton de Vaud. Vol. XC, page 219.)

Arrêté du 21 août 1894 concernant l'ouverture de la chasse dans le Canton de Vaud en 1894. Lausanne. 7 p. 8.
(Recueil des lois et décrets du Canton de Vaud. Vol. XCI, page 185.)

— — du 23 août 1895 concernant l'ouverture de la chasse dans le Canton de Vaud en 1895. Lausanne. 8 p. 8.
(Recueil des lois et décrets du Canton de Vaud. Vol. XCII, page 129.)

*****Décret** du 21 novembre 1895 interdisant la chasse au cerf dans le Canton de Vaud et fixant une pénalité pour la chasse au chevreuil en temps défendu. Lausanne. 2 p. 8.
(Recueil des lois et décrets du Canton de Vaud. Vol. XCII, page 410.)

Valais.

Loi du 16 mai 1804 sur la chasse. Sion. 2. p. 12.
(Constitution et lois de la République du Valais. Vol. I, p. 247.)

— — additionnelle à celle du 16 mai 1804 sur la police de la chasse. Sion. 2 p. 8.
(Recueil des lois, décrets et arrêtés de la République et Canton du Valais. Vol. II, p. 71.)

— — du 20 novembre 1849 sur la chasse. Sion. 3 p. 8.
(Recueil des lois, décrets, etc. du Canton du Valais. Vol. VIII, p. 154.
Sammlung der Gesetze, Dekrete und Beschlüsse des Kantons Wallis. Bd. VIII, S. 197.)

Arrêté du 15 septembre 1860, additionnel à la loi sur la chasse du 20 novembre 1849. Sion. 2 p. 8.
(Recueil des lois, décrets, etc. du Canton du Valais. Vol. X, p. 214.
Sammlung der Gesetze etc. des Kantons Wallis. Bd. X, S. 210.)

Loi sur la chasse du 24 novembre 1869. Sion. 6 p. 8.
(Recueil des lois, décrets, etc. du Canton du Valais. Vol. XI, p. 110.
Sammlung der Gesetze etc. des Kantons Wallis. Bd. XI, S. 106.)

Arrêté du 27 juin 1876 sur la chasse. Sion. 14 p. 8.
(Recueil des lois, décrets, etc. du Canton du Valais. Vol. XII, p. 226.)

*****Loi** du 28 mai 1877 sur la chasse. Sion. 14 p. 8.
(Recueil des lois, décrets, etc. du Canton du Valais. Vol. XII, p. 304.
Sammlung der Gesetze etc. des Kantons Wallis. Bd. XII, S. 310.)

Règlement des garde-chasse des districts francs, du 14 août 1877. Sion. 5. p. 8.
(Recueil des lois, décrets, etc. du Canton du Valais. Vol. XII, p. 328.
Sammlung der Gesetze etc. des Kantons Wallis. Bd. XII, S. 338.)

Arrêté du 25 janvier 1882 concernant les permis à délivrer pour la chasse aux animaux malfaisants ou carnassiers et celle du gibier trop abondant et causant des dommages. Sion. 4 p. 8.
(Recueil des lois, décrets, etc. du Canton du Valais. Vol. XIII, p. 170.
Sammlung der Gesetze des Kantons Wallis. Bd. XIII, S. 172.)

Règlement pour les garde-chasse auxiliaires des anciens districts francs, du 24 août 1881. Sion. 5 p. 8.
(Recueil des lois, décrets, etc. du Canton du Valais. Vol. XIII, p. 292.
Sammlung der Gesetze etc. des Kantons Wallis. Bd. XIII, S. 147.)

Règlement du 27 août 1886 pour les garde-chasse auxiliaires des anciens districts francs. Sion. 6 p. 8.
(Recueil des lois, décrets, etc. du Canton du Valais. Vol. XIV, p. 122.
Sammlung der Gesetze etc. des Kantons Wallis. Bd. XIV, S. 112.)

*****Arrêté** du 4 septembre 1891 accordant des primes pour la destruction des animaux nuisibles. Sion. 3 p. 8.
(Recueil des lois, décrets, etc. du Canton du Valais. Vol, XV, p. 243.)

Neuchâtel.

Règlement concernant la chasse, du 28 juillet 1823. Neuchâtel, 1827. 7 p. 8.
  (Recueil de pièces officielles concernant la principauté de Neuchâtel et Valangin. Vol. I, page 458.)

Arrêté concernant les pièges et amorces, du 20 février 1826. Neuchâtel 1835. 1 p. 8.
  (Recueil de pièces officielles concernant la principauté de Neuchâtel et Valangin. Vol. II, p. 68.)

Règlement pour la chasse, du 9 juillet 1831. Neuchâtel, 1835. 4 p. 8.
  (Recueil de pièces officielles concernant la principauté de Neuchâtel et Valangin. Vol. II, p. 202.)

Loi sur la chasse du 27 juin 1863. Neuchâtel, 1862. 7 p. 8.
  (Recueil des lois etc. Vol. X, p. 132.)

Convention entre les Etats de Vaud et de Neuchâtel pour l'exercice de la chasse, du 10 juillet 1869. Neuchâtel, 1887. 3 p. 8.
  (Nouveau recueil des lois. Vol. II, p. 475.)

Règlement provisoire d'exécution du 28 juillet 1876, pour la loi fédérale sur la chasse du 17 septembre 1875. 4 p. 8.

*****Règlement** intercantonal pour l'exercice de la chasse sur le lac de Neuchâtel, du 31 mars 1877. Neuchâtel, 1887. 7 p. 12.
  (Nouveau recueil des lois. Vol. II, p. 479.)

Loi sur la chasse, du 29 mai 1885. Neuchâtel, 1887. 11 p. 12.
  (Nouveau recueil des lois. Vol. II, p. 464.)

Arrêté ordonnant que les chiens courants soient muselés pendant la fermeture de la chasse, du 10 mars 1891. Neuchâtel, 1892. 2 p. 12.
  (Nouveau recueil officiel des lois. Vol. VII, p. 408.)

*****Loi** sur la chasse, du 19 avril 1895.

Genève.

Loi sur la chasse, du 19 avril 1817. Genève, 1818. 4 p. 8.
  (Recueil des lois. Vol. III, p. 81. Année 1817.)

Arrêté du Conseil d'Etat du 6 août 1817. Règlement sur la chasse. Genève, 1818. 3 p. 8.
  (Recueil des lois. Vol. III, p. 146. Année 1817.)

— — du Conseil d'Etat sur la délivrance des permis de chasse, du 27 décembre 1826. Genève, 1826. p. 2. 8.
  (Recueil des lois. Vol. XII, p. 149. Année 1826.)

Loi sur la police de la chasse, du 10 mars 1830. Genève, 1830. 5 p. 8.
  (Recueil des lois. Vol. XVI, p. 71. Année 1830.)

Règlement général de police, du 31 mars 1837. Chapitre XXVI. Loi et règlement sur la chasse. Art. 406—424. Genève, 1837. 4 p. 8.
  (Recueil des lois. Vol. XXIII, p. 151. Année 1837.)

Loi sur la chasse, du 29 décembre 1837. Genève, 1837. 8 p. 8.
  (Recueil des lois. Vol. XXIII, p. 278. Année 1837.)

— — du 11 janvier 1841, additionnelle à la loi sur la chasse. Genève, 1841. 2 p. 8.
  (Recueil des lois. Vol. XXVII, p. 11. Année 1841.)

Règlement du Conseil d'Etat de Genève, qui prohibe la destruction des nids d'oiseaux, du 24 février 1841.

Règlement du Conseil d'Etat portant diverses prohibitions concernant la chasse et la vente des oiseaux, du 20 août 1841. Genève, 1841. 2 p. 8.
(Recueil des lois. Vol. XXVII, p. 134. Année 1841.)
Loi du 22 décembre 1858 modifiant les lois du 29 décembre 1837 et du 11 janvier 1841 sur la chasse. Genève, 1861. 2 p. 8.
(Recueil des lois. Vol. XLIV, p. 544. Année 1858.)
— — du 9 janvier 1867, portant modification aux lois sur la chasse des 29 décembre 1837, 11 janvier 1841 et 22 décembre 1858. Genève, 1868. 3 p. 8.
(Recueil des lois. Vol. LIII, p. 12. Année 1867.)
— — générale sur les contributions publiques. Titre III. Permis de chasse et de pêche. Chapitre Ier. Permis de chasse, du 18 juin 1870. Genève, 1871. 1 p. 8.
(Recueil des lois. Vol. LVI, p. 222. Année 1870.)
Règlement sur la chasse du 15 novembre 1870. Genève, 1871. 2. p. 8.
(Recueil des lois. Vol. LVI, p. 413. Année 1870.)
— — général sur la chasse, du 30 août 1876. Genève, 1877. 13 p. 8.
(Recueil des lois. Vol. LXII. p. 841. Année 1876.)
Loi du 21 août 1886 modifiant l'article 245 de la loi sur les contributions publiques du 18 juin 1870. (Permis de chasse 20 fr.) Genève, 1886. 1 p. 8.
(Recueil des lois. Vol. LXXII, p. 280. Année 1886.)
*— — abrogeant les lois cantonales sur la chasse des 29 décembre 1837, 11 janvier 1841, 22 décembre 1858, 9 janvier 1867, du 2 février 1887. Genève, 1887. 2 p. 8.
(Recueil des lois. Vol. LXXIII, p. 53. Année 1887.)
***Règlement** sur la chasse, du 15 février 1887. Genève, 1887. 10 p. 8.
(Recueil des lois. Vol. LXXIII, p. 53. Année 1887.)

2. Amtliche Berichte. — Rapports officiels.

a) Eidgenössische. — Fédéraux.

Jahresberichte des Bundesrates über seine Geschäftsführung erscheinen seit 1877 im schweiz. Bundesblatt und zwar:
pro 1877 bis 1878 unter Departement des Innern, Jagd u. Vogelschutz.
» 1879 » 1882 » Handels- u. Landwirtschaftsdepartement, Jagd- u. Fischerei.
» 1883 » 1887 » Handels- u. Landwirtschaftsdepartement, Abteilung Forstwesen, Jagd u. Fischerei.
» 1888 » 1895 » Industrie- u. Landwirtschaftsdepartement, Abteilung Forstwesen, Jagd u. Fischerei.
» 1896 » 1897 » Departement des Innern, Forstwesen, Jagd u. Fischerei.

Auszug aus den Bundesblättern von 1848—1897. — Extraits des Feuilles fédérales, 1848—1897.

Uebereinkunft zwischen der Schweiz und Frankreich über nachbarliche Verhältnisse und die Beaufsichtigung der Gränzwaldungen (vom 30. Juni 1864). Bern. 5 S. 8.
(Schweizerisches Bundesblatt. Bd. II, S. 450. Jahrg. 1864.)
Convention entre la Suisse et la France sur les rapports de voisinage et sur la surveillance des forêts limitrophes. (Du 30 juin 1864.) Berne. 4 p. 8.
(Feuille fédérale. Vol. II, p. 447. Année 1864.)

Botschaft des Bundesrathes an die hohe Bundesversammlung betr. Entwurf eines Bundesgesetzes über die Jagd und den Schutz der nützlichen Vögel vom 26. Mai 1875. Bern. 10 S. 8.
(Schweizerisches Bundesblatt. Bd. III, S. 23. Jahrg. 1875.)

Message du Conseil fédéral à la haute Assemblée fédérale concernant un projet de loi fédérale sur la chasse et sur la protection des oiseaux utiles, du 26 mai 1875. Berne. 10 p. 8.
(Feuille fédérale. Vol. III, p. 240. Année 1875.)

Bericht der Kommission des Ständeraths betreffend den Entwurf eines Bundesgesetzes über Jagd- u. Vogelschutz vom 15. Juni 1875. Bern. 10 S. 8.
(Schweizerisches Bundesblatt. Bd. III. S. 929. Jahrg. 1875.)

Rapport de la Commission du Conseil des Etats concernant le projet de la loi fédérale sur la chasse et la protection des oiseaux utiles du 15 juin 1875. Berne. 9 p. 8.
(Feuille fédérale. Vol. IV, p. 288. Année 1875.)

Bericht der Minderheit der Kommission des Nationalraths betreffend das Bundesgesetz über Jagd und Vogelschutz vom 20. Juni 1875. Bern. 5 S. 8.
(Schweizerisches Bundesblatt. Bd. III, S. 939. Jahrg. 1875.)

Rapport de la minorité de la Commission du Conseil national concernant la loi sur la chasse et la protection des oiseaux utiles, du 20 juin 1875. Berne. 5 p. 8.
(Feuille fédérale. Vol. IV, p. 297. Année 1875.)

Bericht des Bundesrathes an die hohe Bundesversammlung betreffend das Begehren für Volksabstimmung über das Jagdgesetz vom 21. Februar 1876. Bern. 1 S. 8.
(Schweizerisches Bundesblatt. Bd. I, S. 495. Jahrg. 1876.)

Message du Conseil fédéral à la haute Assemblée fédérale concernant les demandes de referendum au sujet de la loi sur la chasse et la protection des oiseaux, du 21 février 1876. Berne. 1 p. 8.
(Feuille fédérale. Vol. I. p. 473. Année 1876.)

Instruktion für die Wildhüter in den Freibergen. Erlassen vom Dept. des Innern den 18. August 1876. Bern. 3 S. 8.
(Schweizerisches Bundesblatt. Bd. III, S. 450. Jahrg. 1876.)

Instructions pour les garde-chasse dans les districts francs (adoptées par le Département de l'Intérieur le 18 août 1876.) Berne. 3 p. 8.
(Feuille fédérale. Vol. III, p. 470. Année 1876.)

Botschaft des Bundesrathes an die hohe Bundesversammlung betreffend die Kosten der Ueberwachung der Bannbezirke für die Hochwildjagd vom 30. November 1876. Bern. 4 S. 8.
(Schweizerisches Bundesblatt. Bd. IV, S. 664.)

Message du Conseil fédéral à la haute Assemblée fédérale concernant les frais de surveillance des districts francs pour la chasse au gibier de montagne, du 30 novembre 1876. Berne. 3 p. 8.
(Feuille fédérale. Vol. IV, p. 674. Année 1876.)

Bericht der Mehrheit der Kommission des Nationalrathes betreffend Tragung der Kosten für die Wildhut in den Jagdbannbezirken vom 14. März 1877. Bern. 3 S. 8.
(Schweizerisches Bundesblatt. Bd. III, S. 168. Jahrg. 1877.)

Botschaft des Bundesrathes an die hohe Bundesversammlung betreffend einen Bundesbeitrag an die Kantone für die Kosten der

Wildhut in den Bannbezirken für die Hochwildjagd vom 29. Januar 1878. Bern. 9 S. 8.
(Schweizerisches Bundesblatt. Bd. I, S. 151. Jahrg. 1878.)

Message du Conseil fédéral à la haute Assemblée fédérale concernant un subside fédéral à accorder aux Cantons pour les frais de garde des districts francs pour la chasse au gibier de montagne, du 29 janvier 1878. Berne. 8 p. 8.
(Feuille fédérale. Vol. I, p. 164. Année 1878.)

Bericht des Bundesrathes an die h. Bundesversammlung, betr. den Rekurs des Landjägerkorporals Messerli und des Jägervereins von Burgdorf in Sachen eines Jagdvergehens vom 26. Nov. 1878. Bern. 4 S. 8.
(Schweizerisches Bundesblatt. Bd. IV, S. 335. Jahrg. 1878.)

Rapport du Conseil fédéral à la haute Assemblée fédérale concernant le recours du caporal de gendarmerie Messerli à Berthoud et de la société des chasseurs de cette ville en matière de délit de chasse, du 26 novembre 1878. Berne. 4 p. 8.
(Feuille fédérale. Vol. IV, p. 336. Année 1878.)

Botschaft des Bundesrathes an die Bundesversammlung, betr. eine Uebereinkunft mit Frankreich zur Unterdrückung des Jagdfrevels an der schweiz.-franz. Grenze. Vom 11. November 1884. Bern. 2 S. 8.
(Schweizerisches Bundesblatt. Bd. VI, S. 613. Jahrg. 1884.)

Message du Conseil fédéral à l'Assemblée fédérale concernant la convention conclue avec la France pour la répression des délits de chasse, comme adjonction à la convention franco-suisse du 23 février 1882 sur les rapports de voisinage et la surveillance des forêts limitrophes, du 11 novembre 1884. Berne. 2 p. 8.
(Feuille fédérale. Vol. IV, p. 598. Année 1884.)

Botschaft des Bundesrathes an die Bundesversammlung, betreffend ein Gesuch tessinischer Gemeinden und Jäger um Aufhebung des Bundesgesetzes vom 17. September 1875 über Jagd und Vogelschutz für den Kanton Tessin. Vom 25. Mai 1886. Bern. 3 S. 8.
(Schweizerisches Bundesblatt. Bd. II, S. 505. Jahrg. 1886.)

Message du Conseil fédéral à l'Assemblée fédérale concernant une pétition de communes et de chasseurs tessinois demandant l'abrogation, pour le Canton du Tessin, de la loi du 17 septembre 1875 sur la chasse et la protection des oiseaux, du 25 mai 1886. Berne. 3 p. 8.
(Feuille fédérale. Vol. II, p. 505. Année 1886.)

Instruktion für die Wildhüter in den Jagdbannbezirken. Vom 16. Juli 1886. Bern. 5 S. 8.
(Schweizerisches Bundesblatt. Bd. II, S. 1004. Jahrg. 1886.)

Instruction pour les garde-chasse dans les districts francs, du 16 juillet 1886. Berne. 5 p. 8.
(Feuille fédérale. Vol. II, p. 1010. Année 1886.)

Bericht des Bundesrathes an die Bundesversammlung, betr. das Begnadigungsrecht bei Strafurtheilen, die infolge Uebertretung der kantonalen Vollziehungsverordnungen zum Bundesgesetz über Jagd und Vogelschutz vom 17. Herbstmonat 1875 gefällt wurden. Vom 24. November 1888. Bern. 2 S. 8.
(Schweizerisches Bundesblatt. Bd. IV, S. 768. Jahrg. 1888.)

Rapport du Conseil fédéral à l'Assemblée fédérale concernant le droit de grâce pour les jugements prononcés ensuite de trans-

gressions des règlements cantonaux d'exécution pour la loi fédérale sur la chasse et la protection des oiseaux du 17 septembre 1875 (du 24 novembre 1888). Berne. 2 p. 8.
(Feuille fédérale. Vol. IV, p. 796. Année 1888.)

Botschaft des Bundesrathes an die Bundesversammlung zum Entwurf eines Bundesgesetzes über Jagd und Vogelschutz in Revision desjenigen vom 17. Herbstmonat 1875. Vom 13. April 1891. Bern. 14 S. 8.
(Schweizerisches Bundesblatt. Bd. II, S. 108. Jahrg. 1891.)

Message du Conseil fédéral à l'Assemblée fédérale concernant un projet de loi fédérale sur la chasse et la protection des oiseaux, modifiant la loi fédérale du 17 septembre 1875 (du 13 avril 1891.) Berne. 14 p. 8.
(Feuille fédérale. Vol. II, p. 925. Année 1891.)

b) *Kantonale.* — *Cantonaux.*

Zürich.

Die jährlich im Druck erscheinenden Rechenschaftsberichte des Regierungsrates bringen seit 1874 unter Abteilung Direktion der Justiz und Polizei, Jagd und Fischerei, kleinere Berichte betreffend die Jagd. Seit 1894 wurde von der Finanzdirektion auch angefangen, über den Erlös an Gebühren für Jagdpatente einige Angaben zu machen und zwar ebenfalls in genannten Rechenschaftsberichten unter Jagd und Fischerei. Ausführlichere Angaben betr. Erlös aus Jagdpatenten enthalten die zücherischen Staatsrechnungen, welche seit 1870 sehr detailliert veröffentlicht werden.

Bern.

Seit 1848 erscheinen Berichte über Jagd in dem vom Regierungsrat dem Grossen Rate im Druck vorgelegten Verwaltungsbericht. Der erste umfasst die Jahre 1845—1848, nachher erschienen sie jährlich und zwar bis und mit 1892 unter der Abteilung Domänenverwaltung, von 1893 an unter der Abteilung Forstverwaltung.

Luzern.

Vom Jahre 1871 an werden die amtlichen Berichte über die Jagd regelmässig in gedrängter Kürze in dem jeweilen für zwei Jahre erscheinenden Staatsverwaltungsbericht bei der Abteilung Finanzdepartement veröffentlicht.

Uri.

Für die Jagd werden seit 1876 Patente erteilt und dieselben im Amtsblatt publiciert, ein kurzer Bericht hierüber erscheint unter Polizeiwesen im Rechenschaftsbericht, welcher alle 2 Jahre veröffentlicht wird.

Schwyz.

Angaben über Jagd finden sich seit 1868 in den gedruckt erscheinenden Rechenschaftsberichten.

Obwalden.

Einzig in der Periode 1868—1884 erschienen regierungsrätliche, jeweilen 4 Jahre umfassende Rechenschaftsberichte, die auch Mitteilungen über Jagd enthalten.

Glarus.

Von 1850 bis 1887 erschienen Berichte über die Jagd in den je das dritte Jahr publicierten Amtsberichten der Standeskommission und der Kommissionen, unter dem Kapitel: «Polizeikommission» Jagd und Fischerei, sodann von 1887/88 an in den jährlich herausgegebenen Amtsberichten des Regierungsrates und seiner Direktionen unter dem Abschnitt «Militär- u. Polizeidirektion» Abteilung Jagd und Fischerei.

Zug.

Die Berichte über Jagd werden seit 1877 im Rechenschaftsbericht des Regierungsrates unter dem Titel «Justiz u. Polizeiwesen, Fischerei, Jagd- und Vogelschutz» jährlich veröffentlicht.

Fribourg.

Depuis 1893, on trouve chaque année dans le «Compte rendu de l'administration du Conseil d'Etat du Canton de Fribourg», division des «Finances», chapitre «Chasse et Pêche», un rapport où se publient des documents concernant la chasse. Avant cette date on ne lisait sur cet objet que de temps à autre des communications qui paraissaient dans le même rapport.

Solothurn.

Die mit dem Jahre 1833 beginnenden und alljährlich erscheinenden Rechenschaftsberichte des Regierungsrates enthalten Berichte über Jagd unter der Rubrik «Finanzdepartement», die sich jedoch meistens nur auf Auszüge aus den Staatsrechnungen betreffend des Ertrages beschränken.

Basel-Stadt.

Eigentliche Jahresberichte über die Jagd werden nicht veröffentlicht, dagegen sind meist kürzere Mitteilungen über dieselbe in den seit 1875 erscheinenden Verwaltungsberichten des Regierungsrates unter der Abteilung Polizeidepartement enthalten.

Baselland.

Berichte über Jagd finden sich in den seit 1876 jährlich im Druck erscheinenden Amtsberichten des Regierungsrates unter Direktion des Innern, Jagd und Fischerei.

Schaffhausen.

Jahresberichte über Jagd sind seit 1876 im Verwaltungsbericht des Regierungsrates unter «Polizeiwesen» enthalten.

Appenzell A. Rh.

Die amtlichen Jahresberichte über Jagd sind seit 1877 unter dem Titel «Polizeiwesen» den regierungsrätlichen Rechenschaftsberichten einverleibt.

St. Gallen.

Notizen über Jagd finden sich seit 1839 in den jährlichen Amtsberichten des kleinen Rates resp. Regierungsrates.

Graubünden.

Amtliche Jahresberichte über die Jagd sind erst vom Jahre 1887 an erschienen, einzelne Bemerkungen über die Jagd sind zwar schon vom Jahre 1875 an in den Amtsberichten der Polizeidirektion an den grossen Rat enthalten, allein einlässlichere Darstellungen über das Jagdwesen finden sich erst in den Amtsberichten der Polizeidirektion an den Grossen Rat in den Jahren 1887 bis 1893 und in denjenigen des Justiz- u. Polizeidepartements von 1894 an.

Aargau.

Notizen und Mitteilungen über Jagd sind von 1862 an im Rechenschaftsbericht des aargauischen Regierungsrates im Abschnitt «Finanzwesen» bezw. «Finanz-Direktion», Regalien, enthalten.

Thurgau.

Berichterstattungen über die Jagd finden sich seit 1880 in den Rechenschaftsberichten des thurgauischen Regierungsrates, unter Polizeidepartement und Finanzdepartement.

Tessin.

Vom Jahre 1877 an bis 1892 erscheinen Berichte über die Jagd im «Conto Reso del Consiglio di Stato» unter «Dipartimento Interno» Ein specieller Abschnitt unter «Dipartimento Giustizia Polizia» bespricht speziell die Wildhüter. Von 1893 an, sind die Berichte unter «Dipartimento di Agricolture e Forestale» im genannten Conto Reso aufgeführt.

Vaud.

Chaque année, depuis 1886, se publie sur la chasse un rapport dans le «Compte rendu du Département de l'Agriculture et du Commerce, IIe service: Forêts, Chasse et Pêche.»

Neuchâtel.

Ce canton ne publie pas de rapport spécial concernant la chasse; en revanche, on trouve, de temps à autre, sur ce chapitre des renseignements dans le «Rapport statistique du Département de police à l'appui des comptes et de la gestion».

Genève.

On rencontre, de temps à autre, depuis 1839, dans le Compte rendu administratif du Conseil d'Etat, chapitre Département de Justice et Police, des renseignements se rapportant à la chasse.

Alphabetisches Namen- und Sachregister zu Fascikel V9c.
Index alphabétique du Fascicule V9c.

A.

Aargau, aus dem 18.
Abschied, das Hasen Schiessen betreffend 20.
Acclimatisationsversuche, die, der Sektion Rätia mit Bastard und echtem Steinwild 3.
Agassiz. L'Isard des Pyrénées comparé au Chamois des Alpes 3.
Aigle royal (Alpes Fribourgeoises) 6.
Ammon, J., Venatus et Aucupium. Iconibus art. ficiasis 27.
Ammon, J., künstliche, wolgerissene New Figuren von allerley Jagd- und Weidtwerk 27.
Antwort auf eine Frage von H. Fl. 29.
Auerhahnjagd, die 7.
    Auszug aus den Bundesblättern von 1848—1897 58.

B.

Bachelin, A., Ours, Loups, Sangliers et Chevreuils 2.
Bärenjagd, eine 2.
Baldinger, E., Zur Revision des eidg. Jagdgesetzes 25.
Bannbezirke, die 18.
Begnadigungsrecht im Jagdwesen 25.
    Beilage zum Gesetzesentwurf betr. das Jagdwesen (Kt. St. Gallen) 22.
Beobachtungen, ornithologische, in St. Gallen und Umgebung 11.
Bericht des Centralcomite des schweiz. Jäger- und Wildschutzvereins Diana pro 1892 19.
Bericht des Centralcomite an die Generalversammlung der Diana in Neuenburg 1894 20.
Bericht des Finanzrates über das Jagdwesen im Kanton Luzern 21.
Bericht über die Generalversammlung der Diana 1894 19.
Berney, A., A propos de la diminution des Tétras dans nos Alpes 7.
Berlepsch, Les Alpes 28.
Berlepsch, Schweizerkunde, Jagd 14.
Beschlussnahme des Bundesrates in Sache eines Rekurses betreffend Laufenlassen jagender Hunde 26.
Besson, La légende de Chasseral 21.
Betrachtungen, kritische, über die Jagdverhältnisse im Berner-Oberland 15.
Betrachtungen über den Wildstand im Kanton St. Gallen 15.
Binet, J. L. et Hentsch, Bouquetins 2.
Binet-Hentsch, J. L., Jahrbuch des S. A. C. Districts à Han 17.
Binet-Hentsch, J. L., Les Alpes de la Haute-Engadine. Histoire do J. M. Colani 27.
Binet-Hentsch, J. L., Jacob Küng, le chasseur d'ours 27.
Blätter, schweizerische, für Ornithologie 12.
Bleuler-Hüni, C., Die jagdlichen Verhältnisse im Kanton Zürich und deren Verbesserung 15.
Blumer, J. J., Ueber das Jagdwesen in den Kantonen Uri, Schwyz etc. 22.
Borel, Ch., Chasse et Pêche 29.
Botschaft des Regierungsrates des Kantons Luzern betr. Abänderung des Jagdgesetzes 21.
Bouquetin, acclimatation du, dans les Alpes suisses 2.
Bouquetin, Combat avec un bouquetin 3.
Bouquetin, Essai d'acclimatation de Bouquetins à la Bernina 3.
Bouquetin, La chasse au, du chasseur Alexis Caillet de Salvan 2.
Breuget-Douglas, R., de, La Cime de l'Est (Traces de Marmottes) 6.
Bridel, P., Essai sur le lac Léman. Histoire naturelle 1.
Bruchstücke aus den Bestrebungen der Sektion St. Gallen des schweizerischen Jagdschutzvereins Diana 15.
Brun, Alb., Le Ruitor (chamois observé) 4.
Brunner, F. X., Der Kanton Aargau, Jagd 13.
Bucher, J. J., Unsere Vögel, ihre Nützlichkeit und ihre stete Abnahme etc. 12.
Bühlmann, F., Zum Entwurf eines neuen Jagdgesetzes für den Kanton Bern 26.
Bundesgesetz, das neue, über Jagd und Vogelschutz 25.
Bundesgesetz über Jagd- und Vogelschutz, amtl. stenographisches Bulletin 25.
Burkhardt, L. A., Der Kanton Basel. Jagd 13.
Burkhardt, L. A., Le rôle Fleckstein über Jagdwesen 20.

C.

Camenisch, R., Ueber jagdliche Zustände in Graubünden 15.
  Carnassiers, les, devant la loi fédérale 24.
  Cart, W., Marmotte prise au Hohsandgletscher 5.
  Cart, Vacances en Tyrol (Ours à l'Ofenpass) 2.
  Catalogue illustré Chasse et Pêche. Exposition nationale suisse Genève 29.
Challande, Schweiz. Thiergruppen von Challande 2.
Chamois blancs 4.
  — — Squelette de, au Heidenloch 4.
  — — Matthias Hungard. Chasseur de chamois 26, 27.
Chasse, à propos de la chasse aux lièvres 5.
  — — au XVIIme siècle 21.
  — —, la, dans les Grisons 18.
  — — périlleuse 27.
Chatelain A. Quelques oiseaux du Canton de Neuchâtel 10.
Chronique Section du Moléson (Mort de 2 chasseurs de chamois) 29.
Chronique Section du Monte Rosa (Loup Cervier à Nax) 28.
Claparède Al., de, Zur Frage der Verfolgung der den schweiz. Fischereien schädlichen Thiere 28.
Concordat betr. Einführung gemeinschaftl. offener Jagdzeit auf Gemsen, Rehe, Hirsche, Murmelthiere 23.
Coulon L. Canards tués sur notre lac 9.
Coulon L. Capture d'un chat sauvage à Voëns 28.
Coulon L. Castor pris dans une île du Rhône 6.
Coulon L. Flamant tué à Sugy 8.
Coulon L. Héron Aigrette tué sur le Grand Marais 8.
Coulon L. Note sur un Plongeon Lumme adulte tué à Neuchâtel 8.
Coulon L. Phalaropus platyrhynchus tué sur le lac de Morat 8.
Coulon L. Plongeon femelle pris sur le lac 9.
Coulon L. Sanglier tué aux environs d'Enges 4.
Coulon L. et Nicoud L. Variété blanche du Lièvre 5.
Coulon. Oie de Temminck tuée sur le lac de Morat 8.
Coup de fusil. Un beau coup de fusil (Aigle royal) 6.
Curti G. Esposizione delle industrie per la caccia degli uccelli nella Svizzera italiana 14.
Curti. G. La caccia e le sue leggi. (Ct. Ticino) 22.
Cysat J. L. Beschreibung des Vierwaldstättersees 1.

D.

Dachshunde 16.
De la Harpe Eug. Accident arrivé à un chasseur 28.

Demay E. Recueil des lois sur la chasse en Europe 26.
Depierre. Contribution à la Faune vaudoise des oiseaux 10.
Depierre. Note sur le passage périodique et accidentel des oiseaux d'Europe 9.
Depierre. Note sur les époques du passage de quelques oiseaux dans le canton de Vaud en 1844 10.
Depierre. Note sur les époques du passage de quelques oiseaux en 1845 10.
Depierre. Relevé des migrations d'oiseaux sur les bords du lac de Genève pendant l'année 1846 10.
Depierre. Statistique du passage des oiseaux émigrants en 1842 dans le canton de Vaud 9.
Depping G. B. La Suisse, ou esquisse d'un tableau historique — pittoresque et moral des Cantons helvétiques 1.
De Stavay-Molondin. Chasse au XVIIme siècle 21.
Diana. Protokollauszug der Sitzung des Centralvorstandes 1888 19.
Diana. Protokollauszug der Generalversammlung 1889 19.
Droits inhérents au propriétaire (droit de chasse) 23.
Du Bois-Melly Ch. Les mœurs genevoises de 1700 à 1760. Les loups et les ours 21.
Dufour Th. Voyage aux glacières du Faucigny. Relation de Pierre Martel (chamois, bouquetins et marmottes) 4, 5.

E.

Ebel J. G. Schilderung der Gebirgsvölker der Schweiz (Jagdwesen in Glarus) 13.
Eidgenössische Jahresberichte über Jagd 58.
Eingabe des Vorstandes des Jägervereins «Weidmannsheil» Luzern betr. Einführung des Pachtsystems 25.
Enderlin Fl. Die Jagd in Graubünden 21, 26.
Entgegnung auf den Artikel: Betrachtungen über den Wildstand im Kt. St. Gallen 15.
Entwurf eines Gesetzes über das Jagdwesen 22.
Entwurf eines Gesetzes betr. Jagd- und Vogelschutz 24.
Escher u. Usteri. Der schweiz. Republikaner. Verhandlungen der helvetischen Räte über das Jagdwesen. 20.
Estermann W. Die Wälder, Jagd und Fischerei der Gemeinde Neudorf 21.
Etlin. Gesetze und Verordnungen über die Jagd im Kanton Obwalden 24.
Eynard Ed. A qui la faute ? Art. 12 de la loi fédérale sur la chasse 24.
Eynard Ed. Aperçu historique sur la chasse 21.

F.

Fasanen, zur Einbürgerung der 8.
Fatio V. La Grande Outarde à Genève 8.
Fatio V. Le Syrrhaptes paradoxus en Suisse 8.

Fatio V. Le tir de chasse raisonné 29.
Fatio V. Les butards de nos Tétras 7.
Fatio V. Mélanges ornithologiques 10.
Fatio V. Passage des Cailles à Genève en 1867 7.
Fatio V. Premier Congrès ornithologique international à Vienne 1884, 12.
Fatio V. Quelques observations sur deux tétras des Musées de Neuchâtel et de Lausanne 7.
Fatio V. Un tétras du Musée de Neuchâtel 7.
Fatio V. Une colonie d'Ardea cinerea en Suisse 8.
Fatio V. et Studer Th. Catalogue des oiseaux de la Suisse 11.
Favre L. Combat entre des putois et une couleuvre 27.
Favre L. Huit jours dans la neige 28.
Favre L. Jean des Paniers 28.
Favre L. Le chasseur de fouines de Pouillerel 27.
Favre L. Le Robinson de la Tène 27.
Favre L. Nouvelles Jurassiennes 28.
Festsetzung, die, der Jagdzeiten 28.
Fischer-Sigwart. Jagdliches und Biologisches über schweiz. Haarwildarten 29.
Fischer-Sigwart. Wildsaujagden um Zofingen 1870—71, 16.
Fleiner H. Das Reviersystem 17.
Fleiner H. Nochmals das Reviersystem 17.
Fleiner H. Schweizerische Jagdverhältnisse 14.
Forel. Cerf tué à Nyon en 1739 5.
Fragnière L. Courses d'hiver (Chamois poursuivis au Kaiseregg) 3.
Fragnière L. Courses d'hiver (Sanglier dans le Ct. de Fribourg) 4.
Franscini St. Der Kanton Tessin. Jagd. 13.
Freiberge, über die sogen. Freiberge im Kanton Bern 18.
Freiberge, über Oeffnung der Jagd in den, 17.
Freiberge, unsere 18.
Freiberge, zu dem Kapitel Freiberge 17.
Fuchs, der und das Jagdgesetz 24.

G.

Gallet J. Le Schilthorn en hiver (Aigle royal à Mürren) 7.
Gaudy A. Le chasseur des Ormonts 27.
Gemse, die, in der Schweiz 4.
Gemse, Naturgeschichte der, 4.
Gemse, zur aargauischen 4.
Gemspirsche in der Schonzeit 4.
Genève et la loi fédérale 25.
Gesetz über das Jagdwesen. Vorschlag des Justizdepartements des Kantons Luzern 24.
Gesetz über das Jagdwesen. Vorschlag des Regierungsrates des Kantons Luzern 24.
Gesetzesentwürfe des Kantons Zürich betreffend Jagd und Vogelschutz 24.
Gesetzesentwurf betr. Abänderung des bernischen Jagdgesetzes 24.
Gesetzesentwurf betr. den Schutz der nützlichen Wildthiere 24.

Gesetzesentwurf über das Jagdwesen, Kt. Luzern 23.
Gesetzesvorschlag über die Jagd. Kt. St. Gallen 22, 23.
Gesner C. Conradi Gesneri Tiguri Historiae animalium Liber III qui est de avibus 9.
Gesner C. Gesneri Redivivi aucti et amendati. Tomus II 9.
Gesner C. Icones avium ominum quae in Historia avium Conradi Gesneri describuntur cum nomenclaturis singulorum latinis, italicis, etc. 9.
Gesuch an den schweiz. Bundesrath zu Gunsten der Winter- und Frühlingsjagd auf Zugvögel 24.
Gesuch um Gewährung der ganzen Jagdzeit (Kt. St. Gallen) 24.
Gesuch von Jägern um Erlass eines neuen Jagdgesetzes (Kt. St. Gallen) 23.
Gewild. Kurze geogr. statist. Darstellung des Kantons Glarus 13.
Ghiringhelli P. Topogr. statist. Darstellung des Kantons Tessin 13.
Girtanner A. Bartgeier, ein, im Tyrol gefangen 6.
Girtanner A. Beitrag zur Naturgeschichte des Bartgeiers der Centralalpenkette 6.
Girtanner A. Das Steinhuhn in den Schweizeralpen 7.
Girtanner A. Das Vorkommen des Seeadlers in der Schweiz 7.
Girtanner A. Das Weissbad und Sentisstock, mit Avifauna 10.
Girtanner A. Der Alpensteinbock mit besonderer Berücksichtigung der letzten Steinwildkolonie in den grauen Alpen 2.
Girtanner A. Der Alpensteinbock und sein Gehörn 2.
Girtanner A. Der Bär in Graubünden 2.
Girtanner A. Der Wildpark St. Peter und Paul bei St. Gallen 29.
Girtanner A. Die Ausstellung lebender schweiz. Vögel in St. Gallen 1869 10.
Girtanner A. Die Kämpfe der Steinadler 7.
Girtanner A. Die Murmelthier-Kolonie in St. Gallen und das Anlegen von Murmelthier-Kolonien 5.
Girtanner A. Die Rheinregulirung und die Vogelwelt 11.
Girtanner A. Drei räthische Jägergestalten aus guter Zeit 27.
Girtanner A. Ein difformes Alpensteinbockgehörn 3.
Girtanner A. Ein muthiges Murmelthier 5.
Girtanner A. Etwas, jedoch weniger über als wegen des Gypaëtos barbatus 6.
Girtanner A. Fremdlinge aus der Vogelwelt am Bodensee 11.
Girtanner A. Geschichte eines schweiz. Bartgeiers 6.
Girtanner A. Geschichtliches und naturgeschichtliches über den Biber in der Schweiz etc. 6.
Girtanner A. Le Vautour barbu des alpes centrales 6.
Girtanner A. Lo stambecco delle alpi graie 2.
Girtanner A. Nachrichten über den Alpensteinbock 2.

Girtanner A. Ornithologischer Streifzug durch Graubünden 1870—71 11.
Girtanner A. Seltener Fang zweier Steinadler 7.
Girtanner A. Steinadler u. Bartgeier 6.
Girtanner A. Steinadler am Säntis erlegt 6.
Girtanner A. Ueber das neuerdings beobachtete Erscheinen des Bartgeiers im Engadin 7.
Girtanner A. Ueber das Steinbockgehörn aus dem Pfahlbau von Greng im Murtensee 3.
Girtanner A. Ueber Graf Turati in Mailand (Bartgeier) 6.
Girtanner A. Ueber die Wildschafe 6.
Girtanner A. Verschlagene Wanderer aus der Vogelwelt 11.
Girtanner A. Zur Ernährung u. Pflege des Bartgeiers in Gefangenschaft 6.
Girtanner A. Zur Kenntniss des Bartgeiers 7.
Girtanner A. Zur Pflege der Gemse in der Gefangenschaft 4.
Girtanner A. Zur Pflege und Eingewöhnung des Alpenschneehuhns in Gefangenschaft 7.
Goll H. Note sur le lièvre alpin 5.
Goll H. Observations cynégétiques sur la vallée de l'Oberhalbstein 16.
Goll H. Sur les bâtards de nos Tédraonides ou Rackelhühner 8.
Gourdault J. La Suisse. Etudes et voyages à travers les 22 Cantons 1.
Graubünden. Aus dem II. Semestralbericht der bündnerischen Wildhüter 17.
Graubünden. Jagdstatistik 18.
Graubünden. Jagdwesen 14.
Graubünden. Jahresbericht pro 1882 18.
Grenus. Documents relatifs à l'histoire du pays de Vaud 20.
Grenus. Fragments historiques sur Genève avant la Réformation 20.
Gross-Marcuard v. Die Jagdbannbezirke in den Berneralpen 17.
Gross-Marcuard v. Notizen aus der Jagdtasche eines Weidmannes 17.
Gründung eines Jägervereins in Appenzell J. Rh. 19.
Gutachten der am 24. April 1868 in Luzern versammelten Jäger über die Revision des Jagdgesetzes 23.

H.

Haller G. Allgemeines über unsere schwelz. Vogelwelt 11.
Haller G. Die Sommerfrischler in der schwelz. Vogelwelt 11.
Haller G. Die Standvögel der Thalsohle 11.
Haller G. Unsere gefiederten Lieblinge in der Alpenwelt 11.
Hauenstein H. Vom Dachs. Neue Beobachtungen 6.
Hauser F. Birkhahnbalz 8.
Hauser F. Das Auerhuhn 8.
Hauser F. Steinadlerfang in den Glarner Freibergen 7.
Hawker W. 4. A. Chamois Hunt in the Oberland 3.

Hentsch et Binet. J. L. Bouquetins 2.
Heusler A. Jagdgesetze des Kantons Tessin 26.
Heusler A. Rechtsquellen des Kantons Wallis 25.
Hochwildjagd. Gesetzes-Vorschlag betr. deren Ausübung (Kt. St. Gallen) 22.
Hühnerjagd. Petition um Abänderung des Jagdgesetzes (Kt. St. Gallen) 23.
Huguenin L. Sur un cerf tué à la Joux Perret en 1831 5.
Hurter. Hans Waldmanns Mandat über Jagd 26.

J.

Jäger, die, und die Jagd im Kanton Bern 13.
Jägernotizen aus den Freibergen des Wallengebietes 17.
Jägerverein, der schweizerische 19.
Jägerversammlung, allgem. schweiz. in Zürich 19.
Jagdbann, über, und Jagdzustände im Kanton Bern überhaupt 17.
Jagdbarkeit, einem gottshaus St. Urban zugehörig 20.
Jagd, die, an der Genfer Landesausstellung 29.
Jagderlöse im Aargau 18.
Jagdgeschichten, kleine 21.
Jagdgesetz. Bemerkungen zum Entwurf zu einem neuen züberischen 25.
Jagdgesetz, das neue eidgenössische, 25.
Jagdgesetz, das neue des Kantons Bern, 22, 24.
Jagdgesetz, das neue des Kantons St. Gallen 26.
Jagdgesetz, das, vor dem Nationalrat 26.
Jagdgesetz, ein neues 25.
Jagdgesetz, ein neues für Bünden 26.
Jagdgesetzentwurf, der neue, vor dem Ständerat 25.
Jagdgesetz, luzernisches, Abänderungs- und Vervollständigungs-Vorlagen 23.
Jagdgesetz. Projekt für den Kanton Bern 22, 23.
Jagdgesetz. Zur Kritik des eidg. Jagdgesetzes 24.
Jagdgesetz, zur Revision des eidg. 25.
Jagdgesetzgebung des Bundes 30—32.
Jagdgesetzgebung der Kantone 32—58.
Jagdgesetzgebung, über die im Kanton Bern 23.
Jagdliches aus Appenzell I. Rh. 15.
Jagdliches aus dem Kanton Zürich 15.
Jagdliches aus Graubünden 15, 18.
Jagdliches aus St. Gallen 15.
Jagdpatentgebühren, Gesetzentwurf über Erhöhung (Kt. Bern) 24.
Jagdrecht, das, in Bünden, 23.
Jagdrecht des Klosters Einsiedeln 21.
Jagdregal das, und die aargauische Finanzdirektion 23.
Jagdschutzverein, zürcherischer, Jahresberichte 19.
Jagdstatistik von Graubünden 18.
Jagdstatistisches und Jagdliches aus Graubünden 18.
Jagdthier, ein seltenes, unserer Alpen 2.
Jagd, topogr. statistische Beschreibung des Kantons Aargau 13.

V9c

Jagd und Fischerei im Kanton Glarus 14.
Jagd und Jäger (Graubünden) 15.
Jagdverhältnisse im Kanton Glarus 14.
Jagdverhältnisse in Graubünden 15.
Jagdverhältnisse, unsere 14.
Jagdverhältnisse, von den zürcherischen, in den 30er Jahren 15.
Jagdwesen. Auf welcher Seite liegt die Unbill? 28
Jagdwesen. Entwurf eines Gesetzes betr. das 23.
Jagdwesen. Gesetzesentwurf 1856 (Kt. Luzern) 22.
Jagdwesen, zum, im Aargau 15.
Jagdwesen, zur Reorganisation des, (Zürich) 15.
Jagdzeit, sechs Wochen 29.
Jagdzustände, ein Wort zur Anbahnung besserer, in der Schweiz 14.
Jagdzustände, unsere 17.
Jagende Hunde auf der Züricher Ausstellung 1883 16.
Jahresbericht des aargauischen Jagdvereins 19.
Imhof Th. Patent-System und Jagdschutz 17.
Im Thurn Ed. Der Kanton Schaffhausen. Jagd 13.
Im Wald und auf der Haide 28.
Ist die Regelung des Jagdbetriebes Sache des Volkes oder nur einer Anzahl Jäger? 25.

K.

Kæser. Ornithologische Streifereien der Aare nach bei Diesbach (Bern) 11.
Kantonale Jahresberichte betr. Jagd 61-63.
Katzen, die, vor dem Ständerat 26.
Keller C. Alpenthiere im Wechsel der Zeit 29.
Keller C. Ueber einen neuen Fund von Bison priscus 6.
Keller J. Die Erwerbsverhältnisse des jurassischen Berneroberguues. Ueber Jagd 14.
Kommissionalvorschlag zur zweiten Berathung über das Jagdgesetz (Kt. Luzern) 23.
Kommissionsanträge zur Erhaltung und Schonung des Wildstandes nach den Grundsätzen des Reviersystems 17.
Korrmann P. H. Darstellung des Schweizerlandes (Jagd in Bünden) 13.
Krebs-Gygax und Genossen 3.
Kreisschreiben der Erziehungsdirektion des Kt. Zürich betr. Ausnehmen von Vogelnestern 12.
Kreisschreiben des Kl. Rates des Kt. St. Gallen betr. Schutz der Vögel 12.
Küchler Ant. Jagd 29.

L.

La Borde de et Zurlauben. Chasse au chamois 3.
La Borde de et Zurlauben. Tableau de la Suisse 2, 13.
Labhart-Labhart. Die Jägerordnungen des alten Zürich bis 1798 24.
Lämmergeier pris vivant 7.

Landolt El. Schweiz. Landesausstellung in Zürich 1883. Bericht über Gruppe Jagd und Fischerei 28.
Laufhundrassen, die schweizerischen 16.
Lavizzari L. Escursioni nel Cantone Ticino. Caccia 14.
Lavizzari L. Uccelli osservati al Gottardo 10.
Liebenau Th. v. Geschichte der Falknerei in der Schweiz 21.
Liebenau Th. v. Sammlung der Gesetze und Verordnungen über das Jagdwesen im Kt. Luzern 26.
Liebenau Th. v. Zur Geschichte der Jagd im Entlebuch 21.
Lièvres blancs 5.
Lièvre le, et l'article 5 de la loi fédérale sur la chasse 6.
Loi générale sur les contributions publiques (Ct. de Genève) 23.
Loi sur la chasse. La révision au Conseil des Etats 25.
Luck G. Die Jagdausstellung, Genf 1896 29.
Lunel G. Note sur le bécasseau platyrhynque 8.

M.

Mandat und Urteil zu Baden im Ergow wegen des Jagens und Schiessens der Hasen 20.
Manni Chr. Das Murmelthier der Centralalpen und dessen Jagd 5.
Manni Chr. Graubündnerische Jagdverhältnisse 14.
Manni Chr. Jagdstatistische Notizen aus Graubünden 18.
Manni Chr. Jagdstatistisches u. Jagdliches 18.
Manni Chr. Jahresbericht für Graubünden pro 1874 18.
Manni Chr. Wildbut und Thierschutz im Tessin 14.
Manoël A. de. La chasse en Suisse 13.
Meissner. Systematisches Verzeichniss der Vögel, welche die Schweiz entweder bewohnen oder besuchen 9.
Meissner u. Schinz. Die Vögel der Schweiz, systematisch geordnet und beschrieben 9.
Memorial den Wildpan in der Landgrafschaft Thurgow betreffend 20.
Meyer H. Forderungen aus Wildschaden nach deutschem Recht 26.
Meyer J. Land, Volk und Staat der schweiz. Eidgenossenschaft. Jagd und Fischfang 14.
Meyer v. Knonau. Der Kanton Zürich, Jagd 13.
Monti M. Catalogo e notizie compendiose degli uccelli di stazione e di passagio nella città, provincia e diocesi di Como 10.
Mügge Th. Gemsjagd. Jagd im Kanton Glarus 3.
Muralt C. v. Die englischen Spaniels oder Stöberhunde 16.
Musy M. Aigle royal (Alpes fribourgeoises) 7.
Musy M. Chronique, Section du Moléson (chamois, district à bau) 4.

Musy M. Chronique, Section du Moléson (Marmottes acclimatées aux Mortheys) 5.
Musy M. Chronique, Section du Moléson (Perdrix blanche et Perdrix rouge) 7.
Musy M. (Sangliers dans le canton de Fribourg) 5.

N.

Näf Aug., Chronik oder Denkwürdigkeiten der Stadt und Landschaft St. Gallen. Jagdwesen 13.
Naturgeschichte. Umrisse zur Geographie, Topographie und Statistik des Kantons Bern 1.
Naturgeschichte. Statistischer Versuch über den Kanton Wallis 1.
Necker L. A., Mémoire sur les oiseaux des environs de Genève 9, 10.
Nessi. Caccia del camoscio 3.
Neukomm Fr., Vertilgung der Fischräuber 29.
Neukomm Fr., Vorschläge zur Verbesserung des Patentsystems 17.
Nicolet C., Enumération des oiseaux sédentaires et des oiseaux de passage qui restent pendant l'hiver à la Chaux-de-Fonds 10.
Nicolet. Jeune loup offert à la Société 6.
Nicoud L., et Coulon L., Variété blanche du lièvre 5.

O.

Ohlsen C. La protection de la caille 12.
Ohlsen C., Vortrag über die Massnahmen zur internationalen Regelung des Schutzes der Wandervögel 12.
Oiseaux utiles ou les amis de l'agriculteur 13.
Olivier U. Causerie d'un chasseur 27.
Olivier U. Le Canton de Vaud 20.
Olivier U., Matinées d'automne. Nouveaux récits de chasse 28.
Olivier U. Récits de chasse et d'histoire naturelle 29.
Olivier U. Souvenir des Bois. A propos de Bécasses 8.
Otterhunde der Diana 16.
Ours, les, dans l'Engadine 2.

P.

Pavesi, P., Su alcuni uccelli albini osservati a Lugano nel 1869 10.
Petersen, J. A., Windhunde, laut jagende Hunde, Schweisshunde 16.
Petition an den Kantonsrat des Stantes Luzern betr. das Jagdwesen 23.
Pétition relative à l'ouverture de la chasse (Genève) 23.
Petits oiseaux. Destruction des petits oiseaux 12.
Pfyffer, C., Jagd- und Jagdregal (Kanton Luzern) 22.
Pictet, Alf., Bouquetin, acclimatation 3.
Poncy, R., Les hôtes d'hiver dans le port de la ville de Genève 11.
Pourtalès, Chasse aux loups en 1809 21.

Privat, E., Assemblée générale de la Diana à Sierre 1897 20.
Privat, E., Le pavillon de chasse et pêche à Genève 29.
Projet de loi abrogeant les lois cantonales sur la chasse. Ct. de Genève 25.
Projet de loi portant modification aux lois sur la chasse. Ct. de Genève 23.
Projet de loi relatif à la chasse. Ct. de Genève 22.
Projet de loi sur la chasse aux oiseaux. Ct. de Genève 22.
Projet de loi sur la police de chasse. Ct. de Genève 22.
Protokoll der Conferenz betr. gemeinsame Verbesserung der Jagdgesetzgebung 24.
Puenzieux, A. La Loutre 6.
Puppikofer, J. A., Der Kanton Thurgau. Jagd 13.
Puppikofer, J. A., Geschichte des Kantons Thurgau. Jagdwesen 14.

Q.

Quadrupèdes, les, de la Suisse 1.
Quiquerez. Notice sur la chasse dans l'ancien évêché de Bâle 13.

R.

Rambert, Eug., Deux jours de chasse sur les Alpes vaudoises 1. 28.
Rambert, Eug., C'est le Renard. Histoire de chasse 2. 28.
Rambert et Robert, Les oiseaux dans la nature 12.
Rameau de Sapin 29.
Rassekennzeichen der schweiz. Laufhunde 16.
Raubvogelfang 7.
Raubzeug, vom, im Bündnerland einst und jetzt 15.
Razoumowski, G., de, Histoire naturelle du Jorat et de ses environs 1.
Repeuplement du gibier en Suisse 16.
Revier- und Patentsystem 17.
Reviersystem und eidgen. Jagdgesetz 26.
Revision, zur, des eidg. Jagdgesetzes 25. 26.
Risold, C., Das alte Wolfgarn von Hondrich 21.
Risold, C., Die Jagd im Berner-Oberland 14.
Risold, C., Eine Gemsjagd im Berner-Oberland 4.
Risold, C., Une chasse au chamois dans l'Oberland bernois 4.
Risold, Ed., Die Handhabung des eidg. und kantonalen Jagdgesetzes im Tessin 14. 25.
Risold, Ed., L'observation des lois fédérales et cantonales sur la chasse dans le Tessin 14.
Riva, A., L'Ornitologo ticinese ossia manuale descrittivo degli uccelli di stazione e di passaggio nel cantone Ticino 10.
Riva, A., Schizzo ornitologico delle provinzie di Sondrio e di Como e del cantone Ticino 10.

V9c

Robert, L. C., Ascension du Grand Combin (Chamois nourri par une chèvre) 4.
Roccolo, der, oder Vogelherd 12.
Rochette, Raoul, Chamois, Bouquetins, Marmottes 3.
Roeder, G. W. und Tscharner, P. C., v., Der Kanton Graubünden, Jagd 13.
Römer, J. J. und Schinz, H. R., Naturgeschichte der in der Schweiz einheimischen Säugethiere 1.
Rohrdorf, Casp., Der Schweizer Jäger. 27.
Roulet, Oiseaux placés sous la sauvegarde de la Confédération 12.
Ruchat et Stanian, Etat ou les délices de la Suisse, ou description Helvétique 27.
Ruesch, G., Kanton Appenzell, Jagd 13.
Rütimeyer, L., Die Fauna der Pfahlbauten der Schweiz 1.

S.

Salis, L. R., v., Schweizerisches Bundesrecht. Jagd und Vogelschutz 26.
Sanglier, le, mis à l'écurie 4.
Saratz, Faune ornithologique de la Haute-Engadine 11.
Scherrer, G., Fecht- und Jagdbuch des Hugo Wittenwiler von 1470 28.
Scheuchzer, F., Der Fischotterjäger 28.
Schinz, H. R. und Römer J. J., Naturgeschichte der in der Schweiz einheimischen Säugethiere 1.
Schinz, R., Vom Weidewerk der Welschen 13.
Schinz und Meisner, Die Vögel der Schweiz systematisch geordnet und beschrieben 9.
Schneider, G., Die Vögel, welche im Oberelsass, in Oberbaden, in den schweiz. Kantonen Baselstadt und Baselland vorkommen 11.
Schonkreise. Ein Wort über Schonkreise 17.
Segesser, A. Ph., v., Forst- und Jagdregal (Kt. Luzern) 22.
Segesser, A. Ph., v., Jagd und Fischerei im 14. und 15. Jahrhundert 21.
Siber, M., Die Schweizer Laufhunde 16.
Sigmund, B., Schweizer Bracken 16.
Simler, J., Von dem Regiment der Eidgenossen (Jagdprämien) 20.
Simond, L., Animaux et histoires de chasse au chamois 3.
Société suisse de chasseurs 19.
Spezial-Katalog der Gruppe Forstwirthschaft, Jagd und Fischerei der schweiz. Landesausstellung Zürich 28.
Sprecher, A., v., Geschichte der Republik der drei Bünde im XI. Jahrhundert. Jagd 14.
Spruch des Rathes von Bern im Streit zwischen Zürich und Grüningen wegen des Jagens 20.
Statistique des chamois existant en Suisse 4.
Statuten des Jägervereins des Bezirkes Hinweil 19.
Statuten der Gesellschaft Waidmannsheil 19.

Staub, L., Der Kanton Zug. Jagd und Fischerei 14.
Strohmeier, J., Der Kanton Solothurn. Jagd 13.
Studer, Th., Beiträge zur Geschichte unserer Hunderassen 16.
Studer, Th., Die Hunde der gallischen Helvetier 17.
Studer, Th., Ueber den Fund von Resten der Gemse in der Pfahlbautenstation Lattrigen am Bielersee 4.
Studer, Th., Ueber ein Steinbockgehörn aus der Zeit der Pfahlbauten 3.
Studer, Th., Zwei grosse Hunderassen aus der Steinzeit der Pfahlbauten 16.
Studer, Th. und Fatio, V., Katalog der schweiz. Vögel 11.
Stumpf, J., Schweizer Chronik (Jagd in der Schweiz) 13.

T.

Tillier, A., v., Geschichte des eidg. Freistaates Bern. Jagdwesen im Kanton Bern 16.
Trouillet, J., Le droit de chasse de l'évêque de Bâle 22.
Tscharner, P. C., v. und Roeder, G. W., Der Kanton Graubünden. Jagd 13.
Tschudy, Fr., v., Das Thierleben der Alpenwelt 1. 2.
Tschudy, Fr., v., Le Monde des Alpes 1.
Tschudy, Fr., v., Gli uccelli e gli insetti nocevoli 12.
Tschudy, Fr., v., Ueber die landwirthschaftliche Bedeutung der Vögel 12.
Tschumi, Ad., Ascensions autour d'Arolla (accident arrivé à Arolla à un chasseur) 28.
Turrettini, Th., Cygne sauvage tué près de Coppet 9.

V.

Verbot, das, des Giftlegens im eidg. Jagdgesetz 25.
Verbot der Frühlingsjagd 14.
Vernet, H., Coup d'œil sur les législations concernant la chasse en Suisse 26.
Vernet, H., De quelques repeuplements en Suisse 29.
Vernet, H., Enuméré de différentes lois anciennes et modernes qui figurent à l'Exposition de Genève 26.
Vernet, H., Le Coq de bruyère au Jura 8.
Vernet, H., Le passage de la bécasse au Jura en automne 1878/79 et de 1885 à 1897 8.
Vernet, H., Rapport sur les districts à ban du Canton des Grisons 1892 18.
Vernet, H., Rapport sur l'inspection des districts à ban du Canton des Grisons en juillet 1894 18.
Vernet, H., Rapport présenté à l'assemblée générale de la Diana à Sierre 1897 20.
Vinassa, Beschreibung der durch das Bundesgesetz verbotenen, früher im Kanton Tessin zum Vogelfang ver-

wendeten Geräte und Vorrichtungen 12.
Vögel, die nützlichen, oder die Freunde der Landwirtschaft 13.
Vogel, Fr. Die alten Chroniken oder Denkwürdigkeiten der Stadt und Landschaft Zürich. Jägerburg zu Wüflingen und Buch 20.
Vogelbuch. Ein Band von Hand gemalter Vögel, die bei Bern erlegt wurden 9.
Vogelschutz, dessen Anwendung und Uebertreibung 12.
Vogt, C., L'Engatlen-Alp. Dégâts causés par les écureuils 28.
Vorschläge, zwei, an die Jagdliebhaber und Grundbesitzer des Kt. Zürich zur Abänderung der Jagdverordnungen 23.
Vouga, Extrait du Mémoire sur la faune ornithologique du bassin du lac de Neuchâtel 10.
Vouga, Liste d'oiseaux rares tués par le capitaine Vouga de 1816 à 1870 11.
Vouga, A., Liste des oiseaux observés en Suisse depuis 1837 11.

W.

Wagnerus, J. J., Historia Naturalis Helvetiae Curiosa 9.
Wattenwyl, Ed., v., Ueber das öffentliche Recht der Landschaft Klein-Burgund 21.

Weissenhorst, Der erfahrene Waidmann auf der Niederjagd 27.
Welti, A., Auer- und Birkhahnbalz im Frühling 1897 8.
Wildbann, der, in der Landschaft Sisgau 20.
Wildhut, die, in den eidgen. Jagdbannbezirken 18.
Wildkonsum, der, in Zürich 29.
Wildmangel und seine Ursachen mit spezieller Berücksichtigung der Jagdverhältnisse des Kantons Luzern 15.
Wildschaden im Kanton Aargau 27.
Wildschweine, im Aargau 4.
Wildstand. Die Dezimirung des Wildstandes, speziell im Kanton Zürich 14.
Windam. Relation d'un voyage aux Glacières de Savoie 4.
Wolfgarn, das alte, von Hondrich 21.
Wort, ein, gegen das Patentsystem 16.
Wyss J. R. Des chamois et de la chasse au chamois 3.

Z.

Zollikofer. Ueber einige besondere Vorkommnisse der vergangenen Jagdzeit 1892 15.
Zurlauben et de la Borde. Tableaux de la Suisse 2.
Zurlauben et de la Borde. Chasse aux chamois 3.

Programm der Bibliographie der schweizerischen Landeskunde.

(Schluss von Seite 2 des Umschlags.)

9) Wirtschaftliche Kultur, Nationalökonomie u. Gemeinnütziges.
   a. Allgemeines.
   b. Landwirtschaft, Alpwirtschaft, Viehzucht, Racenlehre, Viehseuchen etc.
   c. Forstwesen, Jagd und Fischerei.
   d. Schutzbauten.
   e. Berg-, Hütten- und Salinenwesen, Baumaterialien,
   f. Industrie und Gewerbe.
   g. Handel und Verkehrswesen (ausser Strassenkunde),
      α. Allgemeines.
      β. Mass und Gewicht, Münzwesen.
      γ. Post- und Telegraphenwesen.
      δ. Wirtschaftswesen (Hotelwesen).
      ε. Bankwesen, Handelsstatistik. Versicherungswesen, Auswanderungswesen, Konsulatswesen,
   h. Verkehrswege und zugehörige Bauten,
      α. Allgemeines.
      β. Landwege (Strassen und Eisenbahnen).
      γ. Wasserwege (einschliesslich Kanal-, Strom-, Brücken- und Hafenbauten),
   i. Gemeinnützige Vereine.
   j. Alkohol und Alkoholismus.
   k. Tierschutz.
10) Geistige Kultur.
   a. Allgemeines.
   b. Staat und Regierung.
   c. Unterrichtswesen.
   d. Wissenschaftliche Bestrebungen ausserhalb der Lehranstalten.
   e. Konfessionelles.
      α. Evangelisch-reformirte Kirche, Deutsche Kantone.
      β. Römisch-katholische Kirche, Bisthum Basel.
      γ. Christkatholische Kirche.
      δ. Andere Konfessionen.
   f. Armenwesen.
   g. Gefängniswesen.

VI. Zusammenfassende Landeskunde einzelner Gebietsteile. Heimatkunde.

1. Aargau.	9. Luzern.	17. Unterwalden.
2. Appenzell.	10. Neuchâtel.	18. Uri.
3. Basel.	11. St. Gallen.	19. Waadt.
4. Bern.	12. Schaffhausen.	20. Wallis.
5. Freiburg.	13. Schwyz.	21. Zürich.
6. Genf.	14. Solothurn.	22. Zug.
7. Glarus.	15. Tessin.	
8. Graubünden.	16. Thurgau.	

Fascicule V 9 c.

BIBLIOGRAPHIE NATIONALE SUISSE.

Forêts, Chasse et Pêche

CHASSE.

Compilé

par la

Division : Forêts, Chasse et Pêche
(Inspection fédérale des forêts)

du

Département fédéral de l'Intérieur.

BERNE.
K. J. WYSS, LIBRAIRE-ÉDITEUR.
1899.